Niemand
zu Hause

Kersschot, Jan:
Niemand zu Hause –
Vom Glauben zur Klarheit
© J. Kamphausen Verlag &
Distribution GmbH
info@j-kamphausen.de

Lektorat: Traudel Reiss
Typografie und Satz: Wilfried Klei
Umschlag-Gestaltung:
Shivananda Ackermann
Druck & Verarbeitung:
Westermann Druck Zwickau

www.weltinnenraum.de

1. Auflage 2003
Die Deutsche Bibliothek – CIP-Einheitsaufnahme

Ein Titelsatz für diese Publikation
ist bei der Deutschen Bibliothek erhältlich

ISBN 3-933496-72-1

Jan Kersschot

Niemand zu Hause

Vom Glauben zur Klarheit

Vorwort von Tony Parsons

Jan Kersschot studierte Medizin an der Universität von Antwerpen und ist seit 1986 als Arzt für Naturheilkunde in Belgien tätig. „Wie wäre es, wenn es mich nicht gäbe?" – solche Fragen stellten sich ihm, als er sieben Jahre alt war; sie waren Vorboten seiner späteren Suche nach der endgültigen Wahrheit. Sein anhaltendes Interesse an Spiritualität und Philosophie führte ihn zu östlichen Weisheitstraditionen wie dem Zen Buddhismus, Tantra und Advaita Vedanta.

Das Forschen nach der Essenz östlicher Weisheit und ihre Einbindung in die westliche Lebensweise war ein Grundelement seiner spirituellen Suche. Die Begegnung mit Tony Parsons markierte das Ende jener Suche.

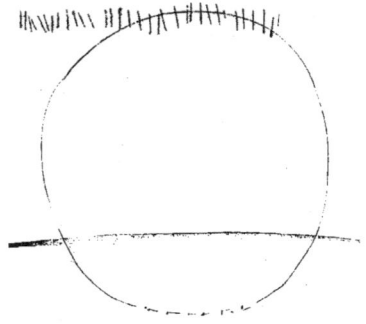

DANKSAGUNG

Hiermit möchte ich Lou Monte danken, der mir bei der Durchsicht des Manuskripts behilflich war, und allen, die mich dazu inspirierten, dieses Buch zu schreiben, vor allem Nathan Gill und Tony Parsons.

JAN KERSSCHOT, JANUAR 2002

Vorwort von Tony Parsons

Der Versuch, unseren Weg zur Erleuchtung zu verstehen, gleicht dem vergeblichen Versuch, den Ozean in ein Marmeladenglas zu füllen. Die Anstrengung der Suche selbst verhindert jedoch das Sehen dessen, was bereits *ist*. Anscheinend vermitteln immer noch viele „spirituelle Lehrer" die Vorstellung eines persönlichen Wegs der Läuterung, der uns in ferner Zukunft zum Ziel führen kann. Das ist eine weit verbreitete Botschaft, die ein großes Publikum anspricht. Und doch erwacht gleichzeitig ein vorsichtiges Interesse an der Nicht-Dualität, das ständig wächst, und es gibt Menschen, die mutig und klar genug sind, diese einfache und radikale Botschaft kompromisslos zu vermitteln. Zu diesen Menschen gehört Jan Kersschot.

Die Vielseitigkeit seines Buches ist ein Zeugnis seines tiefen, umfassenden Verstehens der Natur des Erwachens. Wenn wir ein solches Buch lesen, sollten wir versuchen, zwischen den Zeilen zu lesen und nach dem Ausschau halten, was jenseits der Worte liegt. Jan ist sich dessen bewusst; er schreibt so, dass er den Leser an einer Vision teilnehmen lässt, die den Verstand transzendiert. Erfreuen Sie sich an diesem Abenteuer und an der Tiefgründigkeit seiner Aussagen – vielleicht wird ein Echo in Ihnen erzeugt und eine neue Möglichkeit eröffnet sich.

Tony Parsons,

Autor von Open Secret und So wie es ist

Vorwort von Nathan Gill

In diesem Buch führt Jan uns zur Erkenntnis unserer wahren Natur, indem er uns klarmacht, wie vergeblich es ist, eine in die Zukunft projizierte Erleuchtung zu suchen. Es ist möglich, dass sich zuweilen blitzartig der transzendente Aspekt unserer Natur, *Bewusstsein*, zeigt und dieser kurze Einblick dann zum Konzept eines idealen, dauerhaften Zustands gemacht wird, den es zu erreichen gilt.

Wir alle sind dasselbe *Eine*. Es gibt nur *Bewusstsein*. Die momentane Erscheinungswelt, so wie sie ist – einschließlich jeden Gefühls von Abgetrenntheit oder Ego und jeder Suche nach Transzendenz oder Befreiung – ist bereits die vollkommene Ausdrucksform des Lebens. Die Akzeptanz dieser Tatsache, dass *Bewusstsein* unsere wahre Natur ist, egal was sich momentan im und als Gewahrsein zeigt, stellt das Streben nach Überwindung von Trennung und Ego in Frage. Wir bedürfen keines besonderen Zustands oder einer besonderen Erfahrung.

Angst, Trennung, Individualität, Ego, Glückseligkeit, Einheit, Liebe – alles gehört zum endlosen Spiel der Möglichkeiten. Was das angebliche konzeptuelle Ich betrifft, das darauf hofft, eines Tages „Erleuchtung" zu erlangen und ausgelöscht zu werden, so verweist Jan darauf, dass bereits jetzt im Grunde niemand zu Hause ist. Es gibt einfach nur den gegenwärtigen Ausdruck dessen, was ist, als das, was ist, einschließlich des Bewusstseins, momentan als ein bestimmter Jemand zu erscheinen, was völlig in Ordnung ist.

Ohne nach Ganzheit zu *suchen*, wird das Leben als Ausdruck dessen erkannt, was bereits ganz *ist*. Du, *Bewusstsein*, bist das Ziel deines eigenen Versteckspiels, und *Niemand zu Hause* ist eine Erforschung dieses außergewöhnlichen Paradoxes.

NATHAN GILL, AUTOR VON *CLARITY*

Einführung

Dieses Buch kann als Initiation in eine neue Sichtweise dienen, in die Erkenntnis, dass eine andere Möglichkeit existiert, die einfach alles verwandelt. Wenn wir Glauben und Behauptungen hinter uns lassen und es selbst herausfinden, kosten wir vielleicht diese Essenz, die keiner Religion oder Philosophie bedarf. Wir brauchen überhaupt nicht besonders oder spirituell zu werden, um dieses offene Geheimnis zu enthüllen: Jeder ist eingeladen, nach Hause zu kommen. Und dieses Zuhause ist unendlich und unpersönlich, ohne heilig oder exklusiv zu sein. Die Freiheit, über die ich in diesem Buch spreche, ist nicht nur für Heilige oder Glückspilze gedacht: Sie existiert für uns alle. Hier. Der Leser wird bemerken, dass niemand ausgeschlossen ist: Die Essenz dieser Botschaft steht genau hier dir und mir zur Verfügung. Auch wenn mir selbst nie eine „mystische" Erfahrung zuteil wurde, gibt es eine Vision, die ich in diesem Buch mit dir teilen möchte. Es handelt sich um etwas ausgesprochen Einfaches, was gleichzeitig imstande ist, deine spirituelle Suche zu beenden.

Wenn du dich immer noch für einen spirituellen Sucher hältst, der nach der allumfassenden Wahrheit strebt, lade ich dich hiermit ein, deine spirituelle Suche näher zu betrachten. Deine Zielvorstellungen werden hinterfragt werden und du wirst auch aufgefordert werden zu überprüfen, ob es wirklich einen Sucher gibt, der genau diese Worte liest. Indem dir all deine Konzepte über eine in die Zukunft projizierte Erleuchtung ein für allemal genommen werden, bringen wir eine grundsätzliche Klarheit in dieses Thema und das könnte ein entscheidendes Aha-Erlebnis auslösen.

Dennoch kann ich dir nicht garantieren, dass dich dieses Buch zu neuen philosophischen Einsichten führen oder deine Probleme lösen wird. Ich verspreche dir keine mystischen Erfahrungen oder persönlichen Erfolge auf dem spirituellen Weg. Wenn dir transzendentale Erfahrungen im Leben beschert werden, erfreue dich an ihnen, doch vergiss sie so schnell wie möglich. Solche transzendentalen Erfahrungen vorzuweisen, ist eine subtile Falle. Wenn wir das *Unpersönliche* auf etwas Persönliches reduzieren, wird so eine Gnade zu einem Fluch. Dasselbe gilt, wenn du über die mystischen Erfahrungen einiger spiritueller Lehrer liest. Wenn du dich mit ihnen vergleichst, wirst du erneut in eine Falle gelockt. All diese persönlichen Abenteuer mancher spiritueller Leitbilder sind nicht von Bedeutung: Sie sind Futter für den Verstand und eine sehr intelligente Methode des Ego, seine eigene Demaskierung aufzuschieben. Damit hältst du dich nur selbst zum Narren. Was wir sind, kann nicht zu etwas Persönlichem gemacht werden, „Es" kann nicht in einen Zustand verlegt werden, den wir in die Zukunft projizieren. Doch wenn die Gewohnheit, „Es" zu etwas Persönlichem zu machen, abfällt, wenn wir „Es" nicht mehr in die Zukunft projizieren, kann das *Gewahrsein*, das all dies bezeugt, erkannt werden. Dann könnte deine spirituelle Suche zu Ende sein. Nichts kann beansprucht werden, nichts wird erlangt. Alles findet jenseits deiner Kontrolle statt. Und doch ist *Freiheit* da, weil das schlichte, gewöhnliche Leben völlig ausreicht. Und es besteht absolut keine Notwendigkeit mehr, das tägliche Leben mit religiösen oder spirituellen „Zusätzen" zu verbessern. In gewisser Weise bist du wieder da, wo du angefangen hast.

Was ist dann der Sinn des Ganzen? Es gibt tatsächlich keinen Sinn, außer dass du vom Druck befreit bist, ein Ideal zu erreichen. Dir wird die Bedeutungslosigkeit der Selbstverbesserung klar, denn das, was du gerade bist, *ist* Ausdruck des Göttlichen. Es bedarf keiner religiösen Zeremonien oder spirituellen Übungen. Räucherstäbchen abzubrennen ist genauso göttlich wie auf einen Bus zu warten oder im Park spazieren zu gehen. Du verstehst jetzt, dass es nicht nötig ist, ständig in einem egolosen Zustand zu sein und göttliche Liebe auszustrahlen. Du erkennst, dass du nicht außergewöhnliche Fähigkeiten erreichen oder dein drittes Auge öffnen musst. Und es ist befreiend zu verstehen, dass nichts ausgeschlossen werden kann: Du erkennst, dass die gewöhnlichen Augenblicke ebenso viel wert sind wie die Augenblicke der Glückseligkeit. Die Hoffnung, „eines Tages erleuchtet zu werden" ist nun völlig verschwunden, denn das Leben – so wie es sich dir genau jetzt zeigt – ist bereits „Das". Hier zu sitzen und dies zu lesen ist deine Weise, das Unendliche auszudrücken. Du brauchst nicht heilig zu werden!

Somit bist du wieder im Spiel des gewöhnlichen Lebens, während du gleichzeitig erkennst, dass es keinen Ort gibt, an dem du „Es" finden kannst. All deine früheren Bemühungen, spirituelle Freiheit zu erlangen, erscheinen dir nun wie ein einziger großer Witz. Wie kann dich jemand anders lehren, das zu sein, was du bist? Wer kann dir den Weg zurück nach Hause zeigen, wenn du bereits zu Hause bist? Und wenn du nach dem Allumfassenden suchst, wohin solltest du gehen, wenn es doch *überall* ist? Du kannst Ihm nicht aus dem Weg gehen. Wenn das Unendliche zeitlos ist, warum suchst du immer noch? Und wenn schließlich erkannt wird, dass es keinen Suchenden gibt, wer soll dann suchen? Wer bleibt da übrig? Nicht *du* gehst nach Hause, sondern *Gewahrsein* entdeckt Sich Selbst wieder. Es gibt also niemanden, der nach Hause geht: Bewusstsein *ist* bereits zu Hause.

Jan Kersschot

Januar 2002

www.kersschot.com

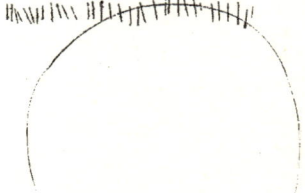

Wenn du den Schlüssel zur Befreiung
finden möchtest,
gibt es eine gute und eine schlechte Nachricht.
Die schlechte Nachricht ist:
Es gibt keinen Schlüssel zur Befreiung.
Die gute Nachricht ist:
Die Tür wurde gar nicht abgeschlossen.

1 WONACH SUCHEN WIR?

Am Anfang entstand ein Verlangen,
der erste Samen des Denkens.
Die Weisen entdeckten,
in ihrem Herzen forschend,
durch Meditation die Nabelschnur
des Seienden im Nicht-Seienden.

SCHÖPFUNGSHYMNE AUS DEM RIG VEDA

Unsere wahre Natur

Das Geheimnisvolle ist nicht,
wie die Welt ist,
sondern dass sie ist.

Ludwig Wittgenstein

Alle großen Mystiker der Menschheitsgeschichte haben immer wieder verkündet, dass uns die Einsicht in unsere wahre Natur zuteil werden könne, wenn wir unsere Konzepte über uns selbst loslassen und einfach der Offensichtlichkeit unserer eigenen direkten Erfahrung vertrauen. Sie betonen, wie dringlich unser Herz diesen Ruf fühlen kann, zu einer tieferen Essenz zu erwachen, und dass wirkliche Erfüllung nur durch Wiederentdeckung „unseres wahren Wesens" möglich sei. Wir nennen dies eine Wiederentdeckung, weil wir nichts Neues entdecken, sondern zu dem heimkehren werden, was immer da ist, zu dem augenblicklichen Gewahrsein (1). Und vielleicht werden wir feststellen, dass dieses augenblickliche Gewahrsein die Essenz unseres Lebens ist. Gleichzeitig erkennen wir, dass diese tiefere Ebene tatsächlich auch die Quelle wahrer Erfüllung ist.

Dennoch bleiben einige Fragen offen. Können wir den Behauptungen der Seher und Mystiker glauben, wenn sie sagen, diese wahre Essenz sei die Quelle augenblicklicher Erfüllung? Und gibt es wirklich so eine tiefere Essenz? Was wäre, wenn das alles nur neue Glaubenssätze sind? Existiert diese so genannte mystische Wahrheit jenseits von Denkkonzepten wirklich? Und könnten „normale" Menschen wie du und ich dieses Geheimnis entdecken? Um diese Fragen zu erforschen, müssen wir wirklich bei Null beginnen. Es geht darum, ganz einfache Fragen zu beantworten. Zum Beispiel: Was ermöglicht es uns, unserer selbst gewahr zu sein? Wer ist diese Person, für die wir uns halten? Woher kommen unsere Gedanken? Und was ist der Kern unseres Seins?

Darum geht es in diesem Buch: Es möchte uns die direkte Erkenntnis unseres tiefsten Wesens ermöglichen, das Gewahrwerden unseres Urgrunds. Den Mystikern und Heiligen zufolge ist diese Essenz die Quelle wahrer Erfüllung und sie behaupten, jeder könne dieser Essenz innewerden. Und wir werden prüfen, ob dies stimmt oder nicht. Auch wenn es als ein gewagtes und ehrgeiziges Unternehmen erscheint, wollen wir uns in diesem Buch auf die Herausforderung einlassen: Wir wollen nicht nur über diese Essenz reden oder nachdenken, sondern sie wirklich erfahren! Wir hoffen, diese Reise durch eine Reihe von Gewahrseinsübungen praktisch umzusetzen (2). Der praktische Teil ist für jene Leser, die ihre wahre Natur völlig „vergessen" haben. Egal für wie klug oder spirituell sie sich halten, könnte es sein, dass sie solche künstlichen Gedächtnisstützen brauchen, um zu erkennen, worüber wir sprechen. Sie können diese Experimente dazu nutzen, die Offensichtlichkeit und Transparenz ihres „eigenen" Gewahrseins erneut zu entdecken. Für einige könnte es wichtig sein, den Rest dieses Buches zu verstehen. Die Experimente erfordern nur die Bereitschaft, so lange unser Gewahrsein zu erforschen, bis wir die endgültige Wahrheit berühren. Dann wird eine Transparenz erfahren, die unseren Verstand übersteigt. Die Mystiker sagen, dass wir dann unsere wahre Natur erkennen.

Wie sollen wir zur Erkenntnis unserer wahren Natur finden? Haben uns Eltern und Lehrer den Weg gezeigt? Haben die Philosophie oder die Religion den Schlüssel? Sind Kontemplation, Gebet oder Meditation Werkzeuge zur Befreiung aus dem Kreislauf des Daseins? Wird ein spiritueller Lebensweg uns vollständige Erlösung garantieren? Überall auf der Welt wurden spirituelle Übungen entwickelt, um den einzelnen Menschen dabei zu helfen, die grenzenlose Natur ihres wahren Wesens wiederzufinden. Es scheint viele verschiedene Wege zu geben, den Strom zu überqueren, und einige dieser Wege scheinen einander zu widersprechen. Und es scheint nur wenigen zu gelingen, diesen Strom zu überqueren.

ES IST UNMÖGLICH, DER GEGENWART ZU ENTKOMMEN

Würden die Pforten der Wahrnehmung gereinigt,
dann erschiene dem Menschen alles so,
wie es ist ... unendlich.

WILLIAM BLAKE

Das Erkennen unserer wahren Natur wird im Vergleich zur beschränkten persönlichen Sichtweise manchmal als Panoramasicht beschrieben. Wir werden später sehen, dass diese Schau weder eine glückselige Erfahrung noch ein übernatürliches Phänomen ist, sondern einfach reine Wahrnehmung. Sie ist so gewöhnlich und so natürlich, dass wir sie tatsächlich übersehen können. In den kommenden Kapiteln werden wir klar herausstellen, dass das, was wir sind – unsere wahre Natur – ohnehin bereits hier ist. Können wir also überhaupt aufbrechen und nach ihr suchen? Tony Parsons schreibt:

> Denn ich bin bereits das, was ich suche. Was immer ich suchen mag oder was immer ich glaube, besitzen zu müssen, wie lang die Einkaufsliste auch sein mag: All meine Sehnsüchte sind nur Ausdruck meines Verlangens, nach Hause zu kommen. Und das Zuhause ist Einssein, dieses Zuhause ist mein ursprüngliches Wesen. Es ist bereits hier, einfach in dem, was ist. Ich muss weder irgendwo hingehen noch jemand anders werden. (3)

Dieses Zitat fasst die Botschaft dieses Buches zusammen: Es geht darum, die Einfachheit dessen, „was ist", wiederzufinden. Und dafür brauchen wir keine exotischen Meditationstechniken oder mystischen Erfahrungen. Wir suchen keinen besonderen Bewusstseinszustand: Jeder unserer Bewusstseinszustände wird genügen, da der Urgrund unserer Existenz in jedem Zustand voll gegenwärtig ist. Wir können die Transparenz genau jetzt erkennen, während wir diesen Satz lesen. Es geht also nicht darum, Zustände zu verändern, sondern es geht um Wiedererkennen, ein Wiedererkennen dessen, was bereits *ist*. Wenn wir die Veränderung eines Zustands anstreben, wenn wir nach einem Zustand der Glückseligkeit suchen, so lenkt uns dies von der allumfassenden Transparenz ab. Der Witz dabei ist, dass wir „Es" deshalb nicht wahrnehmen, weil wir auf etwas Außergewöhnliches *in der Zukunft* warten. Doch in Wirklichkeit *wird* Es bereits wahrgenommen, genau jetzt. Jeder kleinste Teil der wahren Essenz ist in unserem Gewahrsein in eben diesem Augenblick voll zugänglich. Wir erkennen es nur nicht. Um dieses Wiedererkennen geht es in diesem Buch.

Die Tendenz unseres Verstands, diesen subtilen Zustand erfassen zu wollen, erweckt vielleicht den Eindruck, als sei er etwas sehr Flüchtiges oder Seltenes, doch er ist in Wirklichkeit immer hier. Da er so fein und schlicht gleichzeitig ist, bemerken wir nicht, dass er immer gegenwärtig ist, genau da, wo wir gerade sind. Deshalb brauchen wir nicht irgendwohin zu gehen, um ihn zu finden. Der berühmte Dichter Franz Kafka sagte einmal:

Du musst nicht aus dem Zimmer gehen. Bleib an deinem Tisch sitzen und lausche. Du brauchst nicht einmal zu lauschen, warte einfach. Du brauchst nicht einmal warten, lerne einfach, ruhig zu werden, still und einsam. Die Welt wird freiwillig zu dir kommen, um enthüllt zu werden.

UNSERE WAHRE NATUR SEHEN

„Als ich sehr jung war, spürte ich, dass es eine
andere Möglichkeit zu leben gab, deren Verwirklichung
absolut alles verändern würde."(4)

TONY PARSONS

Seit undenklichen Zeiten haben sich Religion und Philosophie
mit den grundlegenden Fragen des Lebens auseinandergesetzt.
Hat das Leben einen Sinn? Was bedeutet es, „ich bin" sagen zu
können? Warum gibt es Leiden? Wie können die Menschen ihre
wahre Natur finden? Ist es utopisch, die Quelle inneren Friedens wiederzufinden und das irdische Leben aus dieser Perspektive heraus zu leben? Und obendrein irgendwann noch anderen Menschen den Weg zu dieser Quelle wahrer Zufriedenheit
zu zeigen? Viele Erzählungen über das verlorene Paradies, über
den Glauben an eine höhere Macht und über mystische Erfahrungen sind Zeugnisse dieser ewigen Suche. Und wenn man den
Mystikern und Sehern Glauben schenken kann, sollte die „Befreiung" jedem Menschen zugänglich sein.

Wir haben immer einen inneren Drang verspürt, uns über
das Gewöhnliche zu erheben und die Begrenzungen unseres
menschlichen Körpers zu überwinden. Dieser uns allen gemeinsame Wunsch, das Geheimnis unserer menschlichen Existenz
zu entdecken, findet besonders in der Kunst seinen Ausdruck.
Und obwohl die Ausdrucksweisen sehr variieren, entspringen
sie doch immer demselben Ursprung. Ob es sich um Gemälde,
Skulpturen oder religiöse Texte verschiedener Kulturen und
Traditionen handelt, häufig drücken sie genau diese Sehnsucht
des Menschen nach Erlösung aus. Wenn wir bewundernd vor den
erotischen Skulpturen der Tempel von Kajuraho in Nordindien
stehen, fällt uns sofort ihr friedvoller Gesichtsausdruck auf. Auch

die buddhistischen Skulpturen an den Mauern von Wat Yet Yot, dem Tempel der sieben Türme in Chiang-Mai im nördlichen Thailand, strahlen innere Freude und Harmonie aus. Wenn wir uns einmal dieser grundlegenden Ebene geöffnet haben, können wir sie auch in der abstrakten Malerei eines Mark Rothko aus dem 20.Jh. sowie in einem Gedicht von Rumi, dem berühmten Sufi aus dem 13. Jh., wahrnehmen.

Aber ist das Geheimnis des Lebens wirklich nur in der Religion oder in der Kunst aufzuspüren? Ist die allumfassende Energie, die das innere Zentrum unseres Lebens ausmacht, nur in der Mystik und im Außergewöhnlichen erfahrbar? Wenn wir nach einer universalen Wahrheit suchen, können wir doch eigentlich nichts und niemanden von dieser Wahrheit ausschließen. Dieses Buch richtet sich an jene Leser, die spüren, dass es noch eine andere Möglichkeit geben muss, die für jeden leicht und zugänglich gleichzeitig ist. Wem die Konzepte der Philosophen zu theoretisch, die Visionen der Mystiker zu ausschließlich und die Wege der Religionen zu heilig sind, der findet in diesem Buch möglicherweise das, was er bis jetzt vermisst hat. Es bietet ihm einen ganz pragmatischen Ansatz und setzt keinen Glauben voraus, sondern richtet sich an Forschende, die bereit sind, bis an die äußerste Grenze zu gehen. Einige Leser werden jene Grenze überqueren und einen Raum erreichen, in dem Worte und Konzepte unzulänglich werden. Doch dieser Raum, dieses Bewusstsein, ist nicht etwas, das wir „erwerben" können, und sobald wir über dieses „Bewusstsein" schreiben oder sprechen, machen wir ein Konzept daraus. Wir möchten Es in einen Rahmen stecken wie ein Gemälde, aber Es ist kein begrenztes Objekt, das man fassen kann. Bewusstsein ist kein Ding, das man festhalten kann, und kein geistiger Zustand, den ein Sucher erfahren kann. Mit anderen Worten: Es ist kein getrenntes Objekt, das von einem Subjekt erfahren werden kann. Deshalb begann Lao Tse sein Tao Te King mit den Worten: *Das Tao*, *das man benennen kann, ist nicht das wahre Tao.* Und danach begann er zu schreiben ...

OFFEN, ABER KRITISCH

> *Ein Leben, das man nicht untersucht hat,*
> *ist es nicht wert, gelebt zu werden;*
> *ein Leben, das nicht gelebt wurde,*
> *ist es nicht wert, untersucht zu werden.*

PLATO

Die meisten Sucher orientieren sich bei ihrer Suche an Experten, an einer Autorität. Bestimmte Aussagen der Mystiker und Seher können ein Wiedererkennen auslösen, und ihre Metaphern können uns wirksam zur Besinnung dienen. Dieses Buch enthält zahlreiche Aussagen von Lehrern, Dichtern und Philosophen, und manchmal akzeptieren wir ihre Ideen einfach vorbehaltlos, weil ihre Genialität auf der Hand liegt. Andere Male jedoch werden wir ihre Ideen nur akzeptieren, wenn wir sie selbst geprüft haben.

Wir dürfen nicht einfach einer Autorität glauben. Manchmal sind wir mehr daran interessiert, wer etwas gesagt hat, als an dem, was gesagt wurde. Das ist so, als würden wir ein schönes Gemälde sehen und sofort fragen: „Wer hat das gemalt?" Es gibt eine Geschichte über einen wunderbaren buddhistischen Text, den ein Meister einst laut vorlas. Nachdem er geendet hatte, kam sofort die Frage: „Wer hat das geschrieben?" Der Meister antwortete: „Wenn ich euch sagen würde, Buddha habe es geschrieben, weiß ich, ihr würdet es jeden Morgen mit Blumen verehren. Würde ich euch sagen, ein Patriarch habe es geschrieben, würdet ihr es immer noch achten, doch nicht so tief, als wenn Buddha selbst es verfasst hätte. Und wenn ich euch sagen würde, einer der Mönche habe es geschrieben, würdet ihr nicht recht wissen, was ihr mit dieser Mitteilung anfangen solltet. Würde ich euch jedoch sagen, der Koch habe es geschrieben, würdet ihr darüber lachen."

Wenn wir nach dem Kern des menschlichen Wesens suchen, nach der Antwort auf die Frage „Wer bin ich?" könnte es ein guter Ansatz sein, sich nicht zu sehr auf das zu verlassen, was andere uns sagen oder erzählt haben, selbst wenn sie Kenner auf ihrem Gebiet sind. Wenn wir an einer Lehre interessiert sind, die uns zu spiritueller Befreiung bringen kann, sollte eine solche Lehre selbst zumindest frei von ihren eigenen kulturellen Verpackungen sein. Sonst werden uns die Lehre und der Lehrer nicht zu wirklicher Freiheit führen können (5). Dennoch können wir uns von dem inspirieren lassen, was andere verstanden oder erfahren haben, solange wir *ihre* Konzepte, Projektionen oder Glaubenssätze nicht kopieren. Um eine „offene" Einstellung zu entwickeln, müssen wir uns von gewissen Konditionierungen freimachen und das dürfte eins der Anliegen dieses Buches sein. Wir werden dazu aufgefordert, all unsere Glaubenssätze aufzugeben. In diesem Buch geht es nicht darum, den Gedanken und Konzepten anderer zu folgen. Es wird vielmehr von uns erwartet, dass wir es selbst herausfinden und uns darauf verlassen (6).

All diese Schichten von Glaubenssätzen und Konditionierungen loszuwerden, wird uns als einer der schwierigsten Aspekte unserer Suche erscheinen. Wie oft halten wir an Konzepten oder Vorstellungen fest, die uns eine bestimmte Sicherheit geben. Doch hartnäckig an etwas festzuhalten, ist wie eine geschlossene Faust: Nichts entgleitet ihr. Wir verlieren zwar nichts, aber da ist auch kein Raum, etwas Neues aufzunehmen. Nichts kann hineinkommen.

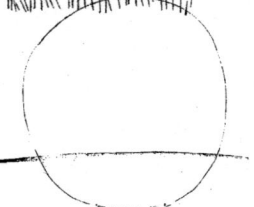

VON DER OFFENHEIT ZUR IDENTIFIKATION

Im Moment bist du Bewusstsein,
das als Figur in deinem Stück erscheint.
Vielleicht meinst du, du bräuchtest Bestätigung.
Vergiss es. Entspanne dich.
Du bist bereits Das. (7)

NATHAN GILL

ALS NEUGEBORENES

Ich berühre den Himmel mit meinem Finger.
Entfernung ist nichts als Phantasie.

WILLIAM BLAKE

Vor unserer Geburt erkennen wir nicht, dass es einen Unterschied zwischen uns und unserer Umgebung gibt. Es gibt keine Grenze zwischen „Ich" und „Nicht-Ich". Dieser Unterschied kann nur von einem Außenstehenden wie beispielsweise dem Gynäkologen während einer Ultraschalluntersuchung wahrgenommen werden. Als Neugeborenes sind wir immer noch reines Gewahrsein, eine Art klare *Aufmerksamkeit*. Was immer in jener offenen Aufmerksamkeit auftaucht, wir benennen es nicht: Wir lassen einfach alles auftauchen und wieder gehen. Die Brust unserer Mutter erscheint, dann rückt unser Füßchen in unser Wahrnehmungsfeld, dann das Geräusch einer Rassel, die Stimme und das Gesicht des Vaters, ein Hungergefühl im Bauch. All das sind Empfindungen, die hochkommen: Wie in einem Film erscheinen diese Bilder und verschwinden wieder. Wir erfahren noch nicht, dass wir eine Person sind, wir wissen noch nicht, dass wir einen Namen, eine Familie oder eine Nationalität haben. Wir wissen sogar nicht, dass wir einen Körper haben oder überhaupt existieren! In dieser so genannten „offenen Aufmerksamkeit" gibt es nur „Empfindungen", die vorüberziehen wie Wolken. Als Baby haben wir kein großartiges Selbstbewusstsein; wir haben noch keine bewusste Individualität entwickelt. Die Frage „Wer bin ich?" ist noch nicht von Bedeutung. Stattdessen existiert nur offene Aufmerksamkeit, in der Erfahrungen erscheinen und sofort wieder vergehen. Es gibt noch keine Trennung zwischen „mir" und der „Außenwelt". Kleine Kinder begreifen beispielsweise noch nicht, dass es so etwas wie „Entfernung" gibt: Wenn sie durch das Fenster blicken, ist ein Flugzeug in der Luft genauso groß wie eine Fliege auf der Fensterscheibe.

Weil die Wahrnehmungen noch nicht von allen möglichen Denkmustern gefärbt sind, lebt ein Neugeborenes noch in der Einheit und erfährt noch keinen Unterschied zwischen „hier" und „dort" oder zwischen „dir" und „mir". Babys wissen noch nichts über Raum oder Zeit; sie scheinen im Hier und Jetzt zu leben, ohne dass der Verstand sie mit Konzepten über das Geschehen ablenkt. Konzepte wie „gestern" und „morgen" sind auch noch nicht konkret, denn das Denken des Kindes erfasst noch keine Zeit. Mit anderen Worten: Es ist *Sein ohne Wissen* und alles wird noch als eine einzige Einheit erlebt.

AUGENBLICKE DER DUALITÄT

Ein Weiser geht nicht hinaus und weiß doch,
er blickt nicht nach draußen und sieht doch,
er handelt nicht, und doch vollbringt er.

LAO TSE

Als Neugeborenes begreifen wir nicht, was es bedeutet, ein Mensch in dieser Welt zu sein. Wir wissen nicht, was es bedeutet, eine Person zu sein, und wir erkennen nicht, dass es einen Planeten gibt, der „die Welt" genannt wird. Wir fühlen uns noch eins mit unserer jeweiligen Umgebung, weil es kein klar umrissenes Selbstbewusstsein gibt. Aber dieser Zustand der Einheit hält nicht an. Um uns in der äußeren Welt auszudrücken, beginnen wir, eine Persönlichkeit zu entwickeln. Dieser Prozess geht einher mit der Entwicklung des Verstands, der die Fähigkeit der Unterscheidung und Erinnerung mit sich bringt. Sie stellen unsere ersten Schritte in die Dualität dar. Sobald unser Denken aktiv wird, wird unsere Umwelt segmentiert. Das ist notwendig, um unsere Vernunft auszubilden.

Wenn sich das Nervensystem weiter ausbildet, können wir zunehmend mehr Phänomene erkennen. „Erkennen" bedeutet in diesem Zusammenhang, etwas mit einem vorherigen Bild zu vergleichen. Wir erkennen das Gesicht unserer Mutter, die Farbe unseres Fläschchens und die Weichheit des Teddybärs, und diese Denkfähigkeit gibt unserem Leben nach und nach Form und Bedeutung.

Dualität entsteht, sobald der Verstand zu unterscheiden beginnt und damit fängt der Kampf zwischen „mir" und der restlichen Welt an. Das ist das Spiel der Trennung, in dem wir auf einmal so tun, als wären wir begrenzt, und in dem wir dann die Welt in „Ich" und „Nicht-Ich" einteilen. Das Ego unterscheidet und sagt sich: „Dies gehört mir, und das gehört nicht mir." Später, meistens mit etwa zwei Jahren, überlagert das Ego alle möglichen weiteren Dinge und Situationen: *meine* Mutter, *mein* Bett, *meine* Schlafanzüge, *meine* Puppe, *mein* Fuß, *mein* Arm. Automatisch wird damit noch eine neue Welt erschaffen, nämlich die ganze Welt des „Nicht-Ich": nicht meine Mutter, nicht mein Spielzeug und so weiter. Und verbunden mit dieser Welt wird allmählich ein „Besitzer" erschaffen mit seinem oder ihrem eigenen Reich.

Immer mehr erschafft unser Verstand eine kleine Person, als ob dieses Ego in unserem Kopf leben würde und sagt: „Ich bin ein kleiner Junge"oder „ich bin ein Mädchen" und „dies ist mein Körper." Unser Verstand erschafft einen Philosophen in unserem Kopf, einen „Denkenden unserer Gedanken". Wenn uns ein Gedanke einfällt, behauptet der Verstand: „Ich hatte einen Gedanken." Wenn ein Körpergefühl so wie Schmerz da ist, sagt dieser Denkende: „Ich habe es gefühlt." Und so identifizieren wir uns immer mehr mit dieser Person in unserem Körper, die

zu sich selbst sagt: „Ich habe es gefühlt, ich habe es gedacht."
Anstatt zu sagen: „Da war Schmerz", beginnen wir zu sagen: „Ich
habe Schmerz." Schließlich identifizieren wir uns völlig mit dieser Person in unserem Körper, die sich sagt: „Ich habe es bekommen, ich habe es gemacht." Das Letztere wird manchmal als *das
Gefühl der persönlichen „Täterschaft"* (8) bezeichnet.

Das Gefühl persönlicher Täterschaft ist eine Gewohnheit,
die sich langsam entwickelt. Meistens beginnt sie etwa mit zwei
oder drei Jahren und als junger Teenager ist sie in voller Blüte.
Langsam, aber zunehmend identifizieren wir uns mit unserer Persönlichkeit, mit unserem Image, mit dem, was wir tun. Und so
werden wir schließlich Mitglieder des menschlichen Clubs, wie
Douglas Harding es ausdrückt (9). Wenn schließlich ein star-
kes und permanentes Gefühl der persönlichen Täterschaft da
ist, identifizieren wir uns mit jenem Wesen im Kreislauf des
Geschehens, das den Gesetzen von Ursache und Wirkung, von
Raum und Zeit unterliegt. Eine völlig neue – konzeptuelle – Welt
ist entstanden: Das Kind ist nun zu einem Erwachsenen geworden. Mit anderen Worten: Der „Seins-Aspekt" ist im Hintergrund weiterhin vorhanden, doch der „menschliche Teil" verdeckt den ursprünglichen Zustand der Offenheit mehr und
mehr.

AUGE IN AUGE MIT DEM SPIEGEL

Wenn du schließlich alles aufgedeckt hast,
was du nicht bist,
bleibt dir nur noch „bewusster Raum“. (10)

ADYASHANTI

Wir wollen uns nun der Zeit wieder zuwenden, als wir uns noch
nicht mit unserer Persönlichkeit identifizierten. In unserer frühen Kindheit war es für uns gang und gäbe, in einer magischen
Welt zu leben. Wir alle erinnern uns an Augenblicke, in denen
wir nicht auf das Ego mit seinen Ängsten und Wünschen, Plänen und Zielen hörten. Wir lebten noch in der Einfachheit des
Einsseins. Wenn andere uns absichtlich auf unser Spiegelbild
aufmerksam machten, reagierten wir genau wie eine Katze –
völlig gleichgültig. Als wir älter wurden und unser Abbild im
Spiegel erblickten, sagten wir: „Das ist mein kleiner Freund.“
Aber wir behaupteten noch nicht: „Der da im Spiegel bin ich.“

Unsere Eltern, unsere älteren Brüder und Schwestern müssen lange Zeit immer wieder versichern: „Die Person, die du im
Spiegel siehst, bist du,“ damit wir allmählich glauben, was die
anderen uns sagen. Sie zeigen dann auf uns und sagen: „Du bist
der kleine Junge/das kleine Mädchen.“

Langsam tauschen wir unsere persönliche Weltsicht als Erste Person, die einfach offene Aufmerksamkeit ist, gegen die
Sicht einer dritten Person, nämlich jene Sicht, die *andere* von
uns haben. Wir nennen sie deshalb die „Sicht der dritten Person“, weil sie ein Konzept einer dritten Person, eines Außenstehenden, ist. Mit anderen Worten wird das Bild, das andere von
uns haben, zunehmend entscheidender für den Aufbau unseres Selbstbewusstseins. Gleichzeitig wird jedoch unser „reines
Gewahrsein“ allmählich durch den Vorgang der Identifikation

überschattet. Statt aus unserem eigenen Wahrnehmungszentrum zu leben, meinen wir – unter dem Druck der Außenwelt – , wir würden aus der Sicht einer (dritten) Person leben, die wir uns vorstellen. Mit anderen Worten tun wir so, als seien wir ein Schauspieler, der vor einer Kamera spielt.

Wenn unsere Eltern immer weiter sagen, wir seien das Bild in dem Glas (hinter jenem Spiegel), glaubt ein jeder von uns es irgendwann. Obwohl jenes Bild ein paar Meter von uns entfernt im Badezimmer nebenan ist, obwohl es seine rechte Hand bewegt, wenn wir die linke bewegen, müssen wir diese Vorstellung akzeptieren. In jenem Alter sind wir uns dieser Konditionierung nicht bewusst, auch wenn wir der Meinung sind, dass wir – aus unserem eigenen Innern gesehen, als Erste Person – ganz anders als jenes Bild im Spiegel sind, genauso wie unsere normale Stimme ganz anders klingt, als wenn sie von einer Videokamera aufgenommen wird. Jemand anders gibt uns also eine neue Identität, indem er auf uns zeigt und uns einen Namen gibt.

Da die anderen ständig auf Familienbilder und Filme zeigen, um uns mitzuteilen, *wie wir für sie aussehen*, wird von uns erwartet, ihre Sichtweise anzunehmen und unsere eigene Sicht der Offenheit und Klarheit aufzugeben. Und nicht nur die anderen haben uns diese Identifikation vermittelt, auch wir selbst haben zum Identifikationsprozess beigetragen. Unser eigenes Gedächtnis sagt uns, dass es dasselbe Gesicht ist, das wir immer wieder jeden Morgen im Badezimmerspiegel sehen. Wir selbst haben tatsächlich jene Maske im Spiegel als das akzeptiert, was wir sind. Wir identifizieren uns mit jenem bestimmten Gesicht, mit jenem Bild auf unserem Passphoto mit dem dazugehörigen Körper, mit unserem Namen und sogar mit unseren Kleidern. Wir vergessen vollkommen, wie wir uns als Erste Person erfahren, und tauschen unsere Lebenserfahrung aus erster Hand gegen das ein, was andere uns sagen.

DIE FORTSCHREITENDE IDENTIFIKATION MIT UNSERER PERSÖNLICHKEIT

Bin ich ein schwarzer Punkt im weißen Raum
oder bin ich weißer Raum mit einem schwarzen Punkt
darin? (11)

CHUCK HILLIG

So wie die meisten anderen Menschen haben wir gelernt, uns mit unserem Körper, unserem Namen und einem bestimmten Charakter zu identifizieren. Sinneswahrnehmungen wie Schmecken, Riechen und Berühren scheinen von unserem Körper auszugehen und verstärken damit anscheinend das Gefühl, in diesen Sack eingeschlossen zu sein, den die Ärzte Haut nennen. Wir begreifen immer mehr, dass wir in einen Körper-Verstand-Mechanismus eingeschlossen sind.

Angenehme Empfindungen – umarmt zu werden oder Schokolade zu essen – und unangenehme Empfindungen – wie der Schmerz, eine Spritze vom Arzt zu bekommen –, werden immer mehr als sehr verschiedene Empfindungen registriert, die dann als solche voneinander differenziert und im zentralen Computer, dem Gehirn, katalogisiert werden. Der Computer unseres Verstandes sagt „Ja" zu Annehmlichkeiten und Genuss und „Nein" zu Schmerz und Trauer, und daran können wir nicht viel ändern: So sind unser genetischer Code und unsere Konditionierung eben programmiert und so arbeiten der Verstand und die Sinne.

Indem wir solche Ja/Nein-Reaktionen auf alle möglichen Erfahrungen prägen, erschaffen wir unsere Persönlichkeit und entwickeln ihre Merkmale, unsere Vorlieben und Abneigungen. Dadurch erhält die Rolle, die wir als Erwachsene in der Gesellschaft spielen, immer konkretere Konturen. Wir bezeichnen diese Rolle mit dem Konzept des „Ego", obwohl der Begriff Ego auch andere Bedeutungen haben kann. In diesem Buch meint Ego die Rolle, die wir im täglichen Leben spielen, das Gefühl der persönlichen Täterschaft, die Persönlichkeit, mit der wir uns identifiziert haben. Eins der Werkzeuge des Ego ist unsere Erinnerung und auch die Glaubenssätze, die wir uns zugelegt haben, wie die Konzepte von Richtig und Falsch und der Glaube an Zeit und Kausalität.

Was für ein Gefühl hat dieses so genannte Ego im Hinblick auf sich und die Welt? Das Ego fühlt sich getrennt von der übrigen Welt und eingeschlossen in den Körper. Je deutlicher diese Trennung zwischen unserem „Ich" und der Außenwelt wird, umso mehr meinen wir, wir müssten uns verteidigen. Folglich versuchen wir uns Stück für Stück in der Außenwelt Ausdruck zu verschaffen. Im Laufe der Jahre entwickeln wir neue Talente und unsere eigenen Ziele. Damit einhergehend beginnt das Ego-Bewusstsein das ursprüngliche offene Gewahrsein zu überschatten. Der Hunger nach neuen Dingen und neuen Erfahrungen wächst, und das Ego wird mehr und mehr von der kleinen Stimme in unserem Kopf gelenkt. Folglich festigt sich zunehmend die Vorstellung, der Denkende zu sein.

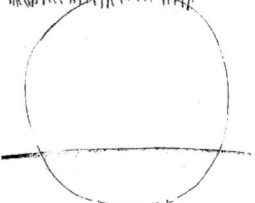

3 Augenblicke der Transzendenz

Alles führt zum Erwachen.
Selbst das, was dein Verstand vielleicht als
schädlich ansieht,
erinnert dich an eine andere Möglichkeit.
Gib einfach deine Anhaftung an deine persön-
liche Geschichte
und die Faszination daran auf
und lass das Leben geschehen.
Etwas anderes und immens Wichtiges
wird an die Stelle all deiner Sorgen treten
und du wirst von einem neuen Gefühl des
Staunens ergriffen.
Alles wird eine Art von Güte widerspiegeln.
So ist das Leben eigentlich natürlich. (12)

TONY PARSONS

WIE GEHEN WIR DAMIT UM, NICHT UNSEREN URSPRÜNGLICHEN ZUSTAND ZU LEBEN?

Eine plötzliche Wahrnehmung,
dass Subjekt und Objekt eins sind,
wird dich zu einem zutiefst geheimnisvollen
wortlosen Verstehen führen.
Du wirst zur Wahrheit des Zen erwachen.

HUANG-PO

Als kleine Kinder haben wir die natürliche Gabe des Zugangs zu unserer inneren Quelle, wann immer uns unser Herz zuflüstert, dies sei notwendig. Doch wenn wir älter werden und dem menschlichen Club beitreten, wird dieses Flüstern oft vom Verstand mit seinen Erwartungen, Ängsten und Wünschen gedämpft. Wenn wir heranreifen, entwickeln wir unsere Persönlichkeit und identifizieren uns zunehmend mit ihr. Folglich stecken wir immer mehr in unserem Körper-Verstand-Apparat fest. Und diese Persönlichkeit möchte durchaus ein volles Mitglied des „Erwachsenenclubs" werden. Natürlich ist unsere Identifikation mit dem Körper und dem Verstand wesentlich, damit wir uns zu einem normalen Erwachsenem mit einer gesunden Persönlichkeit entwickeln; sie ist ein wesentlicher Schritt in der Entwicklung vom Baby zum Erwachsenen. Ohne unseren rationalen Verstand ist ein normales Leben in dieser Welt als Erwachsener nicht möglich. Doch gleichzeitig hat dieser Identifikationsprozess dazu geführt, dass wir unseren Zugang zum ursprünglichen Zustand offenen Gewahrseins verloren haben. Wäre es möglich, unseren ursprünglichen Zustand wieder zu finden und aus jener Perspektive zu leben, ohne die Eigenschaften unserer Persönlichkeit zu opfern? Können wir, mit anderen Worten, das

Beste aus beiden Welten haben? Können wir die Offenheit unserer frühen Kindheit wieder finden, ohne kindisch zu werden? Können wir den denkenden Geist transzendieren, ohne verrückt zu werden? Können wir den Kern wahrer Spiritualität neu entdecken, ohne ein Priester zu werden? Dies können entscheidende Fragen für diejenigen von uns sein, die das weltliche Leben nicht gegen ein spirituelles Leben eintauschen möchten, die ein „normales" Leben in der westlichen Gesellschaft leben möchten und dennoch hoffen, eine Sichtweise zu erfahren, die das Unendliche im Alltag einschließt.

Um dies näher auszuführen, müssen wir eine (theoretische) Unterscheidung zwischen zwei Sichtweisen treffen, nämlich „Sichtweise X" und „Sichtweise Y". Die erste Sichtweise ist die „menschliche" Sichtweise, zu der wir gelangen, wenn wir heranwachsen. Es ist die Perspektive des gesunden Menschenverstandes. Wir nennen das Konzept „Sichtweise X". Es ist die Sichtweise, an die jeder glaubt. Die Sichtweise X ist die Perspektive der Erwachsenen, die auf dem Glauben beruht, dass wir als getrennte Wesenheiten auf dem Planeten existieren. Aber es gibt auch eine andere Perspektive, die das Gewahrsein betrifft, von dem wir zuvor gesprochen haben. Wir nennen diese zweite Perspektive die „Sichtweise Y". Dies ist die Sichtweise des Neugeborenen. Man bezeichnet sie auch als unsere „ursprüngliche Natur". Nach der Sichtweise Y sind wir in Wirklichkeit offene Aufmerksamkeit und alle Konzepte über uns selbst und die Welt sind bloße Illusionen, *die in ebenjenem Gewahrsein erscheinen.* Es wird manchmal auch „nacktes Gewahrsein" oder „kindliche Unschuld" genannt, da wir in unserer Kindheit noch nicht von den Konzepten und Glaubenssätzen der Gesellschaft beeinträchtigt waren.

Was sind die Unterschiede zwischen diesen beiden Sichtweisen? Es gibt zwei Hauptunterschiede. Erstens ist die Sichtweise X von Natur aus dualistisch, während die Sichtweise Y nicht-dualistisch ist. Und zweitens ist die Sichtweise X ein praktisches

Werkzeug, um als menschliches Wesen in der Gesellschaft zu leben, während die Sichtweise Y völlig nutzlos ist. Die Sichtweise Y hat nur den Wert, die Perspektive zu erklären, die wir in diesem Buch vorstellen möchten. Sie hat, mit anderen Worten, nur Bedeutung, wenn wir nach unserer wahren Natur suchen.

Sichtweise X	Sichtweise Y
dualistisch	nicht-dualistisch
erwachsen	neugeboren
Identifikation	offene Aufmerksamkeit
begrenzt	unendlich

Sichtweise X und Sichtweise Y scheinen einander völlig entgegengesetzt zu sein, aber wir werden später in diesem Buch feststellen, dass die Sichtweise X in Wirklichkeit nur ein Teil der Sichtweise Y ist. Sichtweise X ist, mit anderen Worten, die persönliche oder begrenzte Version und Sichtweise Y die allumfassende Version, wie es die Abbildung unten zeigt. Und da „Es" keine Grenzen hat, ist es unpersönliches und unendliches Einssein. „Es" ist unbegrenzt. Um auf diese Unbegrenztheit hinzuweisen, schreiben wir Es immer mit großem Anfangsbuchstaben. Wir werden dafür auch die Begriffe Zuhause, Ursprung, Quelle, das Ursprüngliche Gesicht, das Licht und so weiter benutzen.

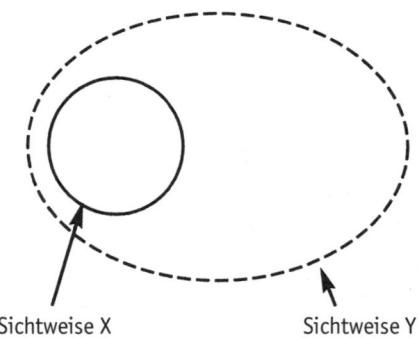

Sichtweise X   Sichtweise Y

SANDBURGEN AM STRAND

Es gibt keinen Weg zum Glück.
Glück ist der Weg.

GAUTAMA BUDDHA

Um das Konzept von Sichtweise X und Sichtweise Y zu veranschaulichen, können wir uns der Metapher von Sandburgen bedienen, die wir am Sandstrand bauen. Sichtweise X entspricht unserem Gefühl, auf unseren Körper und unseren Verstand begrenzt zu sein. Wir fühlen uns quasi wie eine Sandburg. Sichtweise Y ist die offene Aufmerksamkeit des neugeborenen Babys: das nackte Gewahrsein, mit dem wir geboren werden. Es entspricht der Grenzenlosigkeit des Sandes am Strand.

Obwohl die Sandburg aus demselben Sand wie die anderen Sandburgen besteht, fühlt sich jede Sandburg getrennt von den anderen. Aber wenn eine bestimmte Burg denkt, sie sei ein spiritueller Sucher, möchte sie mit Sicherheit wieder einen Geschmack ihres unbegrenzten Wesens bekommen. Die Frage ist jetzt, ob wir (als Burg) unsere Essenz, nämlich als Sandkörnchen, wieder entdecken können: Können wir sowohl die Sandburg als auch der Sand sein? Können wir die Sichtweise X behalten (einfach aus praktischen Gründen) und gleichzeitig unseren ursprünglichen Zustand (Sichtweise Y) wieder finden? Da wir jene offene Aufmerksamkeit, die wir als neugeborenes Baby hatten, gegen die Erwachsenenvorstellung, auf unseren Körper begrenzt zu sein, eingetauscht haben, beginnen wir jenen ursprünglichen Zustand offener Aufmerksamkeit früher oder später zu vermissen. Irgendwo tief innen ist uns bewusst, dass es eine andere Möglichkeit gibt, und wir erkennen, dass wir jenes verlorene Gefühl der Einheit vermissen. Wir spüren, dass es etwas Unfassbares, weit jenseits des Bekannten, gibt. Tief in uns ist eine Sehnsucht nach jenem Mysterium der Offenheit, das wir als Neugeborenes erfuhren. Und diese Sehnsucht nach Erfüllung bestimmt unsere Suche nach der endgültigen Transzendenz. Wenn wir diese Sehnsucht nach dem Höchsten nicht hätten, würden wir nicht hier sitzen und dieses Buch lesen. Man braucht uns nicht mehr zu sagen, dass es mehr im Leben gibt als das, was wir im Alltag sehen und fühlen. Wir sind schon spirituelle Sucher. Wir wissen bereits, dass es „mehr" gibt und dass wir innere Erfüllung erfahren, wenn wir Es finden.

Möglicherweise fühlen wir eine gewisse Melancholie oder Frustration, wenn wir spüren, dass uns etwas Grundlegendes fehlt. Oder wir beginnen, nach unserem ursprünglichen Zustand der Glückseligkeit und des Friedens zu suchen, obwohl wir gar nicht wissen, wonach wir suchen. Da gibt es viele Möglichkeiten. Einige von uns suchen vielleicht nach einem spirituellen Leben, weil sie das Gefühl haben, dass die materielle Welt sie nicht mehr befriedigt; sie sehnen sich nach einer höheren Dimension, nach einem Leben, das über das Alltagseinerlei hinausgeht. Andere versuchen ihrem Leben einen neuen Sinn zu geben, indem sie nach einer sozialen Aufgabe oder nach einem religiösen Weg suchen. Oder wir machen vielleicht das Gegenteil, indem wir versuchen, den Verlust spirituellen Reichtums auszugleichen, indem wir in der Außenwelt nach Glück suchen. Und andere meinen vielleicht, sie brauchten eine bestimmte materielle, emotionale oder intellektuelle Befriedigung. Wir verlangen nach Macht, Geld, Aufmerksamkeit, Liebe und Anerkennung, ohne zu erkennen, dass der wahre Grund dafür darin liegt, dass wir den bewussten Kontakt mit unserem Ursprung verloren haben. Und wir sind bereit, uns und andere so zu manipulieren, dass wir das bekommen, was wir brauchen. Anstatt dass wir von innen heraus ein natürliches Leben führen, leben wir ein Leben nach gesellschaftlich vorgegebenen Maßstäben, das den Erwartungen der Erziehung oder der Werbung entsprechen will, und wir beginnen, unsere Situation mit der sozialen oder materiellen Situation unserer Mitmenschen zu vergleichen. Folglich versuchen wir vielleicht, andere zu kontrollieren und Macht zu gewinnen. Wir möchten mit anderen Worten, dass unsere Burg größer als die anderen Burgen ist. Wir entwickeln eine Persönlichkeit, deren Intelligenz oder deren Position in der Gesellschaft Respekt einflößt. Um dieses Gefühl der Macht noch zu intensivieren, versuchen wir außerdem vielleicht noch, uns mit etwas Größerem als uns selbst zu identifizieren, beispielsweise mit einem Berufsverband, einer Fußballmannschaft, einer politischen Partei, einer Nation oder einer Religion. Daran ist nichts verkehrt, doch wir sollten erkennen, dass einige dieser Bestrebungen Kompensationen für ein tieferes Bedürfnis sind.

Eines Tages wird uns bewusst, dass sowohl materieller als auch gesellschaftlicher Erfolg in Wirklichkeit vorübergehend ist und wir früher oder später das, was wir aufgebaut haben, auch wieder aufgeben müssen: Ein Teil wird wegfallen müssen, wenn wir älter werden, und der Rest wird schwinden, wenn wir sterben. Wenn all diese Bestrebungen doch nur dazu dienen, einen Mangel in uns selbst zu beschwichtigen, sollten wir lieber verstehen, warum wir so ein ichbezogenes Leben führen. Dieses ichbezogene Leben – sei es nun materialistisch oder spirituell – könnte tatsächlich ein Versuch sein, unseren ursprünglichen Zustand wieder zu finden: Ohne es zu wissen, suchen wir verzweifelt nach jenem ursprünglichen Gefühl der Transparenz, des Einsseins und der Einfachheit. Und wenn wir erkennen, dass dieses so genannte Spiel der Ichbezogenheit dadurch bedingt sein könnte, dass wir den Kontakt mit unserer Essenz verloren haben, dann verstehen wir auch, dass es weitaus fesselnder ist, direkt zu der inneren Quelle zu gehen.

VOR DEM VERSTAND

Wenn du weder nach innen schaust
noch nach außen – was bleibt?
Sei das. (13)

MIRA PAGAL

Es gibt Augenblicke in unserem Leben, in denen wir erkennen, dass einige Konzepte, die wir für real hielten, gar nicht so sicher und offensichtlich sind. Es gab viele Augenblicke, vor allem in unserer Kindheit, in denen wir völlig in dem aufgingen, was gerade geschah. Diese Grenzmomente sind zum Beispiel Phasen der Sorglosigkeit, wenn wir einfach so in der Sonne sitzen. Wir sind frei von Gedanken, völlig vertieft in unsere Umgebung: das Gras, die Bäume, den Wind, unsere Arme und Beine – und alles ist miteinander verbunden, es ist *ein* Feld des Gewahrseins. Solche Erfahrungen übersteigen oft die Grenzen unseres Denkens und Fühlens.

Sogar wenn wir erwachsen sind, können wir ähnliche Augenblicke des Absorbiertseins erleben – wenn wir beispielsweise ins Kaminfeuer blicken oder wenn wir am Strand ganz von den Farben und dem Rauschen der Brandung gefesselt sind. Wenn wir völlig in einem Spiel aufgehen, einen Sonnenuntergang bewundern oder ein Musikinstrument spielen, können wir uns gänzlich vergessen. Wenn wir später an den Moment zurückdenken, sagen wir: „Ich war irgendwie nicht ganz da." Ohne dass wir es in dem Moment gemerkt haben, waren wir in einen endlosen Raum getaucht, in dem alles ohne Anstrengung passierte. Unser Denkprozess verlangsamte sich und wir beschränkten uns darauf, nur zu beobachten, zu schauen, ohne zu urteilen. Der Geist war völlig friedlich. Egal ob wir beschäftigt waren oder nicht, im Hintergrund war eine Stille, die alles durchdrang. Und wir hatten an nichts etwas auszusetzen, wir hatten kein Bedürfnis, Menschen oder Dinge zu verändern. Oft waren solche Augenblicke sehr friedvoll und erfüllend.

Wichtig dabei ist es, festzustellen, dass – wann immer wir wirklich glücklich und erfüllt sind – kein Denken stattfindet. Es gibt nur „das, was ist". Der Verstand schaltet sich erst *danach* ein. Ohne Denken existiert auch keine Hoffnung und keine Angst, kein Klagen, kein Wünschen und keine Schuld. Wir werden im Verlauf dieses Buches noch feststellen, dass in diesen Momenten keine Identifikation mit unserer Persönlichkeit da ist. Mit anderen Worten: kein „Ich". Und wir können selbst untersuchen, ob es stimmt, dass in Zeiten wirklichen Glücks einfach *niemand da* ist. Keine Trennung, kein Selbstbild, nur reines Sein. Reine „Istheit", die von keinem Konzept oder Gedanken an unser kleines Ich gestört wird. Nur *bewusster Raum*.

Das ist ein Vorgeschmack davon, wie es sein muss, in Kontakt mit unserer *Essenz* zu sein, nach Hause zu unserem Selbst zu kommen. All die Alltagssorgen, die uns ständig beschäftigen, lösen sich auf. Wenn wir die Turbulenz unseres inneren Dialogs nicht beachten und wenn wir die Gewohnheit hinter uns lassen, uns mit unserer Persönlichkeit zu identifizieren, können wir mit dem Unendlichen in Kontakt kommen. Damit einhergehend erfahren wir oft eine Reinheit und Offenheit, wie wir sie seit unserer Kindheit nicht mehr gespürt haben.

WER ERFÄHRT UNSER LEBEN?

Das Wesentliche ist dem Auge verborgen.

ANTOINE DE SAINT-EXUPÉRY

Wenn unser Geist diese Reinheit und Offenheit erfährt, erheben sich vielleicht einige grundsätzliche Fragen, die nun aus einer neuen Perspektive betrachtet werden können. Was ist unsere wahre Essenz? Wohin geht ein Gedanke, wenn er verschwunden ist? Worin erscheint alles? Wer erfährt unsere Sinneseindrücke? Wer sieht durch unsere Augen? Wenn wir vorbeiziehende Bilder sehen, lässt sich beweisen, dass Augen sie sehen? Können wir behaupten, die Sehnerven würden sehen? Wenn wir genau jetzt unsere rechte Hand anschauen, lässt sich beweisen, dass Gehirnzellen für das Sehen verantwortlich sind? Die Wissenschaft sagt, das Sonnenlicht reflektiere auf der Haut unserer Hand derart, dass lichtempfindliche Zellen auf unserer Netzhaut stimuliert werden. Dann überträgt ein elektrischer Impuls diese Information in einen bestimmten Teil des Gehirns, der wiederum – und das ist der geheimnisvolle und unerklärte Schritt – ein bestimmtes Bild unserer Hand in unserem Bewusstsein produziert.

Wo findet das Sehen also genau statt? Es ist schwierig, den genauen Ort des Sehvorgangs zu bestimmen. Und wir können auch weiter fragen, ob es überhaupt sicher ist, dass es eine Person gibt, die etwas sieht. Vielleicht existiert nur eine leere Leinwand, die mit geistigen Bildern gefüllt wird. Obwohl wir diese weiße, leere Leinwand nicht berühren können, ist sie sich der Bilder bewusst, die auf ihr erscheinen und verschwinden. Damit werden wir uns in den späteren Kapiteln noch mal beschäftigen.

Wenn wir Klänge hören, wissen wir, wer hört? Ist es sicher, dass die Ohren hören? Lässt sich in diesem Moment beweisen,

Niemand zu Hause

dass es einen bestimmten Teil im Gehirn gibt, der für den Hörvorgang zuständig ist? Ist es erwiesen, dass es eine Person gibt, die hört? Oder ist es nur Stille, die mit Klängen, Schwingungen erfüllt ist? Auch wenn wir sie nicht erfahren können, ist sich diese Stille der Klänge bewusst, die kommen und vergehen. Wäre es auch möglich, diese Stille zu hören?

Wenn wir dieses Buch in unsere Hände nehmen, fühlen wir tatsächlich das Papier oder fühlen wir, was in unseren Fingerspitzen vorgeht? Lass uns ein kleines Experiment machen und es überprüfen. Wir schließen unsere Augen, bewegen unsere Fingerspitzen über das Papier dieses Buches und beobachten, was passiert. Wer erfährt diese Sinneseindrücke? Wenn wir sagen, wir fühlen ein Blatt Papier zwischen unserem Daumen und unserem Zeigefinger, wer (oder was) fühlt das? Ist es unser Nervensystem? Und wo treten diese Empfindungen genau auf? In unseren Fingerspitzen? In unseren Gehirnzellen? In unserem Geist? Vielleicht sagen wir „Ich bin dabei, es zu fühlen", aber stimmt das wirklich? Und wer oder was ist dieses „Ich bin"?

Wir leben in einer Welt der Wahrnehmungen, ob sie nun aus der so genannten Außenwelt oder aus der so genannten Innenwelt, unserem Körper, kommen. Insofern könnten wir sagen, dass diese Welt, in der wir scheinbar leben, ein Trugbild, ein Tagtraum ist. Es steht uns frei, an die Wirklichkeit unseres Tagtraums zu glauben, doch direkt können wir die Wirklichkeit unserer Wahrnehmung nie beweisen. Und das sollten wir ruhig sofort überprüfen. Wo ist die so genannte Außenwelt, wenn wir tief schlafen? Wo würde die Welt sein, wenn unsere Sinne nicht funktionieren würden? Einige Philosophen und Mystiker behaupten sogar, dass es außerhalb unseres Denkens gar keine Welt gibt. Sie sagen: „Wenn der Verstand aufhört zu funktionieren, existiert nichts mehr." Deshalb lehren sie, diese so genannte äußere Welt sei nichts als ein Produkt der Sinne unseres Geistes. Und deshalb bezeichnet man die Welt manchmal als eine

Illusion, die von unseren eigenen Vorstellungen und Gedanken erschaffen wurde. (14)

Wenn wir sagen, diese Welt, in der wir vermeintlich leben, sei eine Illusion, meinen wir damit nicht, sie existiere gar nicht. Wir meinen damit, dass sie nicht als etwas Getrenntes vom Gewahrsein existiert. Die sichtbare Welt befindet sich auf unserer Netzhaut und wird räumlich und zeitlich auf eine geistige Leinwand projiziert. Und dasselbe gilt für die anderen Sinne. Mit anderen Worten: Was wir wahrnehmen, ist in Wirklichkeit ein mentales Konstrukt unseres eigenen Geistes. Wir nehmen die so genannte Außenwelt durch einen Strom mentaler Bilder wahr, die in unserem Bewusstsein erscheinen. Wir können die Objekte, die wir wahrnehmen, freilich nicht verleugnen, wir können unsere körperlichen Empfindungen nicht abstreiten, doch lassen sich all diese wahrgenommenen Objekte nicht nachweisen, wenn sie nicht wahrgenommen werden.

Während wir gerade die Worte dieses Buches lesen, wer ist es, der ihre Bedeutung versteht? Wenn wir darauf antworten, es sei unserer Verstand, der die Bedeutung dieser Worte analysiert, was ist sich der Vorstellung „unser Verstand" bewusst? Sobald wir diesen Fragen auf den Grund gehen wollen, geraten wir an ein Paradox: Wer ist sich des Verstands bewusst? Es ist schwierig für unseren Verstand, diese Frage zu beantworten, weil das, was sieht, nicht ergründet werden kann. Unser Verstand selbst macht uns weis, es gäbe einen Verstand. Doch unsere Persönlichkeit gibt sich nicht geschlagen und behauptet weiter: „Ich bin mein Verstand; ich bin doch gerade dabei, ihn wahrzunehmen," ohne zu erklären, wer oder was dieses „Ich bin" ist.

Dennoch können wir nicht bestreiten, dass wir gewahr sind. Dieses Gewahrsein ist nicht etwas, das von unserem Verstand erfasst werden kann, da es sich jenseits konzeptuellen Verstehens befindet. Es ist kein Konzept, kein Gefühl, nicht einmal ein geistiger Zustand. Es ist nicht ein weiteres Bild, das auf dem

Bildschirm des inneren Fernsehers erscheint, es ist die Leinwand selbst. Die Seher und Mystiker sagen, dass dieses Gewahrsein oder Bewusstsein das Licht ist, das unser Leben sichtbar macht, der Urgrund unseres Seins, unsere wahre Essenz.

DIE ENTSCHLEIERUNG DES BEWUSSTSEINS

Du kannst dich nicht von Ihm entfernen,
weil jedes Sich-Wegbewegen von Ihm
Es ist. (15)

TONY PARSONS

Was steht zwischen dem, was wir wirklich sind, und dem, wofür wir uns halten? Was ist das fehlende Glied, das diesen Dualismus transzendiert? Wo ist der Hintergrund, der alles verbindet? Warum haben wir dieses Grundgefühl der Offenheit verloren? Einer der Gründe liegt darin, dass die meisten Menschen das Gewahrsein an sich gar nicht zu bemerken scheinen. Wir erfahren die „materielle" Welt wie leichte Wellen auf der Oberfläche eines Sees. Diese Wellen kommen und gehen, doch die Weite des Seins bleibt unberührt von der Form und den Eigenschaften der Wellen. Wir nehmen das Wahrnehmende nicht zur Kenntnis, weil unser Verstand dazu tendiert, von den objektiven Inhalten des Bewusstseins – Körperempfindungen, Gefühlen und Gedanken – abgelenkt zu sein. All diese einströmenden Informationen verhindern es, dass wir den Hintergrund des Bewusstseins, Gewahrsein selbst, zur Kenntnis nehmen. Wir sehen, mit anderen Worten, die Bilder auf der Leinwand, doch nicht die weiße Leinwand selbst. Wir sind von der Geschichte der Schauspieler gefesselt und vergessen die allgegenwärtige Kraft des Lichts, die unsere Filme überhaupt sichtbar macht.

Einige spirituelle Lehrer sagen, dieser Hintergrund des Gewahrseins sei das, was wir wirklich sind. Warum haben die meisten spirituellen Sucher Schwierigkeiten damit, das zu akzeptieren? Gibt es einen Grund, warum wir es nicht sehen? Vielleicht weil wir keine direkte Erfahrung des puren Gewahrseins haben? Wie können wir eine Lösung dafür finden?

Wir können einmal bei dem Grundelement ansetzen: dem Gefühl, ein bewusstes menschliches Wesen zu sein. Einer Tatsache sind wir uns doch ganz sicher, nämlich zu existieren. Jeder kann sagen: „Ich bin." Wir können zweifellos feststellen „Ich bin gegenwärtig, ich bin hier" oder „genau jetzt, während ich diese Worte lese, bin ich gewahr, dass ich bin."

Die Frage ist: Woher kommt diese Gewissheit des „Ich bin"? Nun, sie kommt vom Gewahrsein Selbst. Gewahrsein wird sich durch diese Erkenntnis Seiner Selbst bewusst. Insofern bin nicht ich derjenige, der das Gewahrsein entdeckt, es ist kein persönlicher Prozess. Vielmehr entdeckt Gewahrsein Sich Selbst. Die meisten Menschen können bei so genannten Gipfelerfahrungen den Geschmack dieser Nicht-Dualität spüren und manche fühlen auch das Aroma ihrer unpersönlichen Natur, aber das ist nur der Beginn. Wenn wir den Ursprung dieses Hintergrundes erforschen, werden wir auf ein „pures Gewahrsein" stoßen, das nicht von einem Gefühl oder einem Gedanken abhängt. Dieses „Ich bin" beruht nicht auf dem Wissen des Verstandes oder auf den einzelnen Sinnensorganen, obwohl man Es gleichzeitig die Essenz all unseres Wissens nennen kann. Wenn wir dies klar erkennen, rücken wir die Worte des französischen Philosophen René Descartes (1596-1650) „Ich denke, also bin ich" in die richtige Perspektive. So eine Aussage beruht auf der allgemeinen Annahme, dass Denken identisch mit Sein ist – eine sehr verbreitete Vorstellung der westlichen Philosophie. Wir sollten uns aber daran erinnern, dass wir bewusst sein müssen, *bevor* wir denken können. Zuerst ist „pures Sein" da, dann kommt alles

Übrige. Sogar die Identifikation mit dem denkenden Geist kommt nach dem Sein. Zuerst existiert das weiße Papier und dann die Worte darauf, nicht umgekehrt. Zuerst existiert die leere Leinwand, dann erscheinen die Gedanken über mich selbst auf dieser Leinwand. Eine andere Möglichkeit, dies auszudrücken, wäre demnach: „Ich bin, also denke ich."

Was lässt sich über diesen Hintergrund des Gewahrseins sagen? Wenn wir die westlichen philosophischen und psychologischen Erklärungsversuche zur Natur des Geistes und seiner Verbindung zum Körper betrachten, müssen wir feststellen, dass die meisten Autoren das „reine Gewahrsein" überhaupt nicht erwähnen. Für gewöhnlich erkennen sie nicht an, dass Gewahrsein aus sich selbst heraus existiert. Im Gegenteil, das Phänomen reinen Gewahrseins wird meistens mit einem bestimmten Bewusstseinszustand (wie dem Tiefschlaf oder der Meditation) verwechselt, der von einer bestimmten Gehirnstromaktivität begleitet ist (wie die EEG-Forschung zeigt). Dies ließe sich so erklären, dass diese Autoren zwar ausgezeichnet Gehirnwellen (oder Computertomographien des Schädels) analysieren können, aber selbst keine „Erfahrung" von reinem Gewahrsein haben. Und doch berichten einige Autoren – vor allem östliche – von der Existenz „puren Gewahrseins". Meistens sind sie keine Neurobiologen und haben keinen medizinischen oder wissenschaftlichen Hintergrund. Einige berichten davon, Bewusstsein ohne jeglichen Inhalt erfahren zu haben. Auch Weise und Mystiker aus gänzlich unterschiedlichen Traditionen (Taoismus, Advaita Vedanta, Zen Buddhismus, Sufismus) sprechen von der Erfahrung gegenstandslosen Bewusstseins. Könnten auch wir Zugang zu diesem „reinen Gewahrsein" haben?

In Kontakt mit der geheimnisvollen Essenz

Ton wird zu einem Krug geformt,
doch die Leere darin ist es,
die alles umfasst, was wir brauchen.

Tao Te King

Jede Person hat eine bestimmte Erfahrung des Unaussprechlichen, des geheimnisvollen Urgrunds, mit dem wir verbunden sind. Auch wenn wir alle so tun, als seien wir getrennte Individuen, gibt es eine tiefe Intelligenz, die weiß, dass wir untereinander und mit dem ganzen übrigen Universum verbunden sind. Wenn wir die nächtlichen Sterne betrachten, spüren wir einfach, dass das, was wir sind, weit über einen Körper-Verstand-Mechanismus hinausgeht. Viele Menschen haben diese universale Weisheit erfahren und bestätigt, dass das, was wir sind, weitaus umfassender ist, als wir *meinen*. Manchen Menschen offenbart sich dieses Geheimnis in so genannten mystischen Erfahrungen, und diejenigen, die diesem Mysterium Worte verleihen können, nennen wir Seher oder Mystiker. Die Beschreibungen ihrer Erfahrungen sind faszinierende Quellen der Inspiration für den Sucher auf dem spirituellen Weg. Viele, die vor uns diesen Weg beschritten haben, suchten ebenso nach der Essenz des Menschseins. Sie forschten nach dem Ursprung unseres Bewusstseins und versuchten, ihre Vision mitzuteilen. Mehrere dieser mystischen Erfahrungen förderten eine universelle Weisheit zutage, ein Wissen, das ganz unabhängig von dem jeweils Erfahrenden war. Das, was all diese Berichte gemeinsam haben, ist faszinierend. Sie können uns zusätzliche Hinweise bei der Beantwortung unserer eigenen Fragen geben.

Niemand zu Hause

Was ist jedoch eine so genannte mystische Erfahrung? Die mystische Erfahrung wird manchmal als eine Einsicht in die letzte Einheit aller Dinge geschildert, ein Einssein, das den Sinnen und der Vernunft nicht mehr zugänglich ist. Es gibt kein Ich-Bewusstsein mehr, nur Einheits-Bewusstsein. Subjekt und Objekt verschmelzen und nur Einssein bleibt. Da nichts Bestimmtes gesehen oder gehört wird, unterscheidet sich die Erfahrung deutlich von visionären Erlebnissen oder telepathischen Mitteilungen. Insofern ist Mystik (in diesem engeren Sinn) nicht auf den Erwerb oder die Entwicklung übernatürlicher Kräfte, auf Kontrolle verborgener Mächte oder auf die Erlangung besonderer Offenbarungen bedacht. Obwohl mystische Erfahrungen unerbeten und spontan geschehen, wurden viele Übungswege entwickelt, um den Strebenden für die mystische Vereinigung vorzubereiten (16). Viele dieser Übungswege wurden sowohl im Osten als auch im Westen in die organisierten Religionen aufgenommen und als Hilfsmittel zur spirituellen Befreiung erklärt. All diese Berichte können sehr interessant sein, doch wenn wir nach unserer wahren Natur suchen, können sie uns leicht ablenken.

Wir wollen in diesem Buch nicht dem mystischen Weg einer bestimmten Tradition nachgehen. Wir streben nach einer Sicht, die nicht von irgendeiner Tradition abhängt, und deshalb müssen wir nach einer Ebene suchen, auf der wir uns über den Dogmatismus von Symbolen erheben. Wir sollten, mit anderen Worten, nach jenem Ort suchen, wo sich die verschiedenen Traditionen begegnen. Wenn die mystischen Bilder soweit wie möglich aus ihrer religiösen Interpretation herausgelöst werden, erreichen wir eine Ebene, auf der sich die verschiedenen Wege treffen. Wir suchen nach der gemeinsamen Wahrheit, die nicht von einer bestimmten spirituellen Tradition abhängig ist. Es wird unerheblich, welchen Weg wir benutzt haben, um den Gipfel zu erreichen. Diese Ebene stellt nicht das Ende unserer Suche dar, aber sie kann ein perfekter Ausgangspunkt zu jener „anderen" Dimension werden, zu einer Ebene, die jenseits von Dualitäten ist. Damit wir uns auf dem Gipfel jenes Berges kein Paradies vorstellen, benutzen wir lieber die Metapher, eine Zwiebel zu schälen. Dieses Bild verspricht uns kein Ziel, das wir erreichen sollen, sondern weist darauf hin, wie wir ein Konzept nach dem anderen loslassen müssen. Genauso wie wir bei einer Zwiebel Schicht für Schicht entfernen, merken wir irgendwann, dass nichts Greifbares mehr übrig bleibt.

ALS ZEUGE VERWEILEN

Wer das Ewige kennt,
hat Raum für alles in sich.

LAO TSE

Wenn wir die Gedanken beobachten, die in unserem Geist entstehen, sind sie wie Bilder auf einer Leinwand. Verschiedene Vorstellungen, Symbole, Konzepte, Wünsche und Ängste tauchen spontan in unserem Gewahrsein auf. Wenn wir Körperempfindungen, Gefühle und Gedanken ohne Beurteilung und ohne sie steuern zu wollen willkommen heißen, achten wir weniger auf die Erscheinungen auf der Leinwand und bekommen vielleicht ein „Gespür" für das Licht, in dem sie erscheinen. Wenn wir einfach Zeuge all dieser vorbeiziehenden Empfindungen sind, ohne den Schmerz zu bekämpfen oder die Freude verlängern zu wollen, begegnen wir ihnen einfach unmittelbar dort, wo sie auftauchen. Wenn wir sie so zur Kenntnis nehmen, sehen wir sie einfach, erkennen sie und lassen sie weiterziehen. Genauso laufen die Bilder eines Films vor uns ab, bleiben einen Moment und verschwinden dann wieder. Worauf es hierbei ankommt, ist: Wenn wir all diese vorüberziehenden Wahrnehmungen beobachten können, lässt sich dann überhaupt sagen, wir *seien* diese Wahrnehmungen? Können wir etwas zur Kenntnis nehmen und es gleichzeitig sein? Kann ein Objekt auch das Subjekt jenes Objekts sein? Kann eine Wolke sich selbst zuschauen, während sie am blauen Himmel ihres Weges zieht? Nein, natürlich nicht. Wir können die Wolken vorbeiziehen sehen, eben weil wir nicht diese Wolken sind: Was wir sind, ist das Bezeugen jener Wolken, das Subjekt, das all diese Objekte zur Kenntnis nimmt. Wir sind, mit anderen Worten, das Licht in den Bildern. All diese Wahrnehmungen tauchen spontan und natürlich im ewig-gegenwärtigen Gewahrsein auf und verschwinden wieder.

Alle Dinge, die wir über uns wissen, sind Objekte in unserem Gewahrsein. Wie alt wir sind, wie wir aussehen, unsere Staatsangehörigkeit, unser Name, unsere persönlichen Merkmale – all das sind Bilder, die vor unserem Gewahrsein vorüberziehen. Dasselbe betrifft auch unsere Gefühle. Wer sind wir also letztlich? Wenn wir nicht jene Objekte draußen sind und nicht vorbeiziehende Gedanken, wer oder was sind wir zutiefst? Wir können eher sagen: „Ich habe Gefühle, aber ich bin nicht diese Gefühle. Ich habe Wünsche, aber ich bin nicht diese Wünsche. Ich glaube, ich habe eine Persönlichkeit, aber ich bin nicht jene bestimmte Persönlichkeit. Was ich bin, ist das Bezeugen dieses Körpers, das Bezeugen dieser Persönlichkeit." In diesem Zeugesein liegt etwas Vertrautes. Es mag sich theoretisch wie etwas Kaltes und Unpersönliches anhören, doch ist es unserem wahren Wesen näher als alles andere. Die Erfahrung des Zeugeseins hat sozusagen ein sehr vertrautes Aroma. Wenn wir dieses „Feld" erfahren, müssen wir erkennen, dass „Es" mehr unser „Ich" ist als das, was wir gewöhnlich für unser Ich halten. Deshalb sprechen wir davon, dass wir zu uns nach Hause kommen. Viele Sucher sagen, dieses Wiedererkennen könne ein intensives

Gefühl der Freiheit oder der inneren Erleichterung bewirken, und doch ist dieses bezeugende Gewahrsein selbst nicht etwas Bestimmtes, das wir erfahren können. Es ist einfach eine unermessliche Leere, in der unsere manifestierte Welt erscheint. Dies war die Aussage aller großen Weisen der Geschichte und wir können es selbst nachprüfen. Wenn wir unser Ego *betrachten* können, müssen wir schlussfolgern, dass wir nicht das Ego *sein* können. Die Persönlichkeit wird im Gewahrsein, zusammen mit allen anderen Wahrnehmungen, erfahren. Insofern kann die Persönlichkeit nicht jenes Gewahrsein, unser wahres Selbst, sein. Wir können also nicht das sein, was wir *erfahren*, und was wir *sind*, kann niemals erfahren werden. Das ist offensichtlich und trotzdem herrscht große Verwirrung darüber, besonders in der westlichen Philosophie. Es ist wichtig, den Unterschied zwischen Subjekt und Objekt zu beachten, zwischen dem, was wir *in Wirklichkeit sind* und dem, was wir als unseren Körper und unsere Persönlickeit *wahrnehmen*. Viele Objekte und Konzepte können im höchsten Subjekt erscheinen, wir können eine Vielfalt körperlicher Empfindungen wahrnehmen und viele verschiedene Aspekte unserer Persönlichkeit, und wir können all diese Wahrnehmungen in einem einzigen Konzept, „meinem Ego", zusammenfassen, doch wir können niemals behaupten, unser Ego sei das endgültige Subjekt – es ist einfach nur eins unter vielen wahrgenommenen Objekten. Das Bild, das wir innerlich von uns selbst haben, ist nur ein geistiges Objekt, das auftaucht und wieder verschwindet. Folglich ist es nicht der letzte Wahrnehmende. Auch wenn wir unseren Körper, unseren Geist und all unsere Eigenschaften als sehr persönlich empfinden, sind sie nur vorübergehende Bilder. Und diese Bilder sind nicht unsere wahre Identität, oder?

4
SEHEN
ODER
GLAUBEN

Auf meinem spirituellen Weg
kam ich an vielen Schildern vorbei,
die Suchende vor mir
auf dem Weg hinterlassen hatten.
Alle verwiesen auf die Wahrheit.
Unter jedem Schild lagerten viele Menschen,
die ihre Reise abgebrochen hatten
und nun das Hinweisschild verehrten. (17)

WAYNE LIQUORMAN

JETZT MAL PRAKTISCH

Hör ´auf, diesen furchtbar vernachlässigten Fleck
zu übersehen, diesen Mittelpunkt unseres Lebens,
der sofort in ein Universum explodiert, sobald wir genauer
hinschauen – dann wird alles klar werden.

DOUGLAS HARDING

Wie ich bereits erwähnt habe, befassen wir uns in diesem Buch sowohl theoretisch als auch praktisch mit dem Thema und werden daher auch eine Reihe von Experimenten vorstellen. Einerseits sollten wir diese Experimente offen und kindlich unbefangen durchführen. Ihre Bedeutung kann nicht von dem vereinnahmenden Denken eines Erwachsenen verstanden werden. Wir verweisen in diesem Kapitel also auf eine Art der Wahrnehmung, die wir als Neugeborene bereits „hatten". Der Unterschied besteht darin, dass wir uns ihrer damals nicht bewusst waren. Andererseits werden wir aber auch nichts auf Befehl glauben, daher werden wir bei unserer Suche darauf bedacht sein, beide Sichtweisen zusammenzubringen: die Welt mit der Offenheit eines Neugeborenen zu sehen und mit der kritischen Einstellung eines Wissenschaftlers. Staunend und gleichzeitig nüchtern beobachtend können wir erkennen, dass die einfachsten Dinge unserer täglichen Erfahrung etwas sehr Besonderes sind. Dies verlangt vom Leser Entdeckungseifer und eine wache Beobachtung. Es erfordert Arglosigkeit und Sensibilität gleichzeitig. Ohne diese Einstellung werden die Experimente keine Wirkung haben. Auch wenn sie sehr einfach aussehen, ist es notwendig, völlig offen zu sein. Niemand anders kann uns helfen, den endgültigen Schritt zu tun. Es wird nicht ausreichen, darüber zu lesen. Selbst wenn dir jemand eine Tasse Tee vorsetzt, bist du derjenige, der schlucken und schmecken muss.

Niemand zu Hause

Die meisten Experimente in diesem Buch stammen aus den Workshops von Douglas Harding und sind so konzipiert, dass wir einen Geschmack „unseres" reinen Gewahrseins bekommen (18). Sie wollen uns in diesem Moment zu einer natürlichen Erkenntnis unserer wahren Natur erwecken. So ein Erwachen kann uns zu einem Verstehen der grundlegenden innersten Natur unseres menschlichen Seins führen und ein neues Licht auf unsere Erfahrungsweise als Mensch werfen. Doch ohne unsere gewöhnlichen, auf Übereinkunft beruhenden Annahmen über uns selbst loszulassen, wird dies nicht geschehen. Wir müssen zumindest einen Augenblick lang unsere Konzepte über uns selbst und die Welt vergessen. Wir sollten also unsere Vorstellungen über die so genannte scheinbare Objektivität der äußeren Wirklichkeit (der Welt, in der wir zu leben glauben) und der Innenwelt (unserer Körperempfindungen) in die richtige Perspektive rücken können.

All unsere Konzepte auch nur für einen Augenblick loszulassen, ist nicht leicht. Deshalb „erfahren" die meisten Menschen beim ersten Mal noch nicht reines Gewahrsein, wenn sie eins der Experimente ausprobieren. Solange sie ihre „Sonnenbrillen" nicht ablegen können, werden sie diese klare Sicht auch nicht erleben. Sie werden sich fragen, was diese merkwürdigen Experimente für einen Sinn haben, und werden das Anliegen dieses Buches daher nicht verstehen. Aber sie sollten nicht sofort aufgeben. Die Transparenz, über die wir sprechen, wird sich ganz unerwartet auftun, sei es bei einem dieser Experimente oder einfach so, spontan. Viele Leute, die die Experimente ausprobieren, beklagen sich darüber, es würde nichts geschehen. Wenn die Leute sagen, sie würden Es nicht sehen, meinen sie damit meistens, dass sie Es nicht fühlen: Die innere Quelle klaren Gewahrseins lässt sie gleichgültig, denn Es ist nicht etwas, was durch die Sinne geschieht. Wir könnten sogar sagen, dieses Zentrum des Gewahrseins ist völlig eigenschaftslos.

Dieses Zentrum lässt sich nicht fühlen, man kann es nur *sein*. Es ist, als ob ein Nebelschleier schwindet. Unser reines Gewahrsein wird entschleiert und manche berichten, dies gehe mit einem Gefühl der Gewichtslosigkeit, der Abwesenheit, aber auch der Fülle einher. Unser reines Gewahrsein zu erleben ist mit Sicherheit als solches keine mystische oder religiöse Erfahrung, keine plötzliche, euphorische Ausdehnung in die universelle Liebe oder ins kosmische Bewusstsein. Im Gegenteil, es ist völlig neutral. Meistens werden mystische Erfahrungen als Augenblicke der Gnade, als blitzartige Offenbarungen betrachtet, die nicht nur selten, sondern auch nur einer kleinen Minderheit von Menschen vorbehalten sind. In der mystischen und spirituellen Literatur scheinen sie nur Heiligen und Sehern zugänglich zu sein. Insofern ist es erstaunlich, dass wir mehrere Experimente machen werden, die uns unmittelbar hier und jetzt ermöglichen, in direkten Kontakt mit dieser anderen Dimension zu kommen. Und jeder ist eingeladen, es auszuprobieren.

EINFACHES GEWAHRSEIN

> *Die Toren leugnen, was sie sehen,*
> *aber nicht das, was sie denken.*
> *Die Weisen verwerfen das, was sie denken,*
> *aber nicht das, was sie sehen.*
>
> HUANG-PO

Wie ist es, wenn wir uns unseres reinen Bewusstseins gewahr sind? Plötzlich erkennen wir, dass es ein Wunder ist, „Ich bin gewahr" sagen zu können. Wir sind uns bewusst, dass wir gewahr sind. Wir alle können, wie wir bereits festgestellt haben, ohne Zögern sagen: „Ich bin." Auch wenn diese Entdeckung zu-

nächst nicht umwerfend erscheint, ist sie doch eine Revoluti-
on, die unvorstellbare Konsequenzen hat. Wir können einmal
das Experiment machen, uns einfach unserer Umwelt gewahr
zu sein. Wenn wir unsere unmittelbare Umgebung anschauen,
können wir unser Denken und die Umgebung ineinander fließen lassen. Wir vergessen uns selbst und lassen einfach das zu,
was geschieht. Wir können Objekte um uns bemerken und ihre
Farbe und Struktur sehen, ohne dass es uns Bemühung kostet,
dieses Erleben geschehen zu lassen. Anstatt Dinge anzusehen,
lassen wir die Dinge uns anschauen. Aus dieser passiven Sichtweise kann eine neue Seinsform entstehen, indem wir unser
gegenwärtiges Gewahrsein erkennen, in welchem diese Bilder
erscheinen. All das ergibt sich ganz natürlich, als ob wir einfach
das „weiße Papier" bemerken, auf das wir unsere Wahrnehmungen „schreiben". Und später bemerken wir möglicherweise auch,
dass dieses Gewahrsein immer zugänglich ist, selbst wenn wir
uns des Erlebens nicht bewusst sind. Wir erfahren einfach, dass
ein müheloses Gewahrsein dessen, was gerade abläuft, da ist.

Wenn wir unsere Aufmerksamkeit den Empfindungen in
unserem Körper zuwenden, dann können wir uns aller möglichen Körpergefühle gewahr sein, beispielsweise des Drucks auf
unser Gesäß, während wir auf einem Stuhl sitzen oder eines
Schmerzes im Nacken oder am unteren Rücken. Egal ob diese
Gefühle angenehm sind oder nicht, wir können ihrer leicht
gewahr sein. Sogar wenn wir zu müde oder zu faul sind, um dies
nachzuprüfen, so können wir doch leicht diese Müdigkeit oder
Faulheit zur Kenntnis nehmen. All diese Empfindungen tauchen
in unserem jetzigen Gewahrsein auf. Dieses Feld des
Bewusstseins ist kristallklar und auf mühelose und spontane
Weise Zeuge der Empfindungen in unserem Körper. Die Frage,
die sich als Nächstes stellt, ist nun: Sind wir das bezeugende
Gewahrsein oder sind wir die Person, für die wir uns immer
halten? Was ist uns „am nächsten": der Urheber auf der Lein-

wand oder die Leinwand selbst? Wer ist mehr *ich*: die Persönlichkeit, die eine Rolle spielt, oder das Licht, das diese Person sichtbar macht? Ist es nicht so, dass wir erst einmal „sein" müssen, bevor wir daran glauben können, eine Persönlichkeit zu sein? Wer ist zuerst da? Und wer verdient es, „ich" genannt zu werden?

Wenn wir einsehen, dass wir als Erstes das Licht sind, dann wissen wir auch, dass wir als solches dem Erscheinen unserer Persönlichkeit überhaupt Raum geben. Wir sind die „Offenheit", in der unsere Gefühle und Gedanken erscheinen können. Auch unser Körper und unser Geist erscheinen in derselben „Offenheit" und dieses Gewahrsein ist der Kern unseres Seins. Deshalb behaupten die Mystiker und Weisen, dieses reine Gewahrsein sei das, was wir wirklich sind. Haben wir das einmal erkannt, können wir immer noch sagen, wir seien in einem Körper, oder sollten wir sagen, unser Körper erscheint in uns? Wenn wir es sorgfältig überprüfen, können wir feststellen, dass uns unser Körper als eine Abfolge von Sinneswahrnehmungen und von Vorstellungen erscheint, die wir über uns selbst haben. Wir kennen unseren Körper, weil wir seine Gliedmaßen spüren: Wir wissen, dass wir einen Rücken haben, wenn wir Schmerzen im unteren Rücken spüren, und wir merken, dass wir Zähne haben, wenn wir Zahnschmerzen haben und so weiter. Und wir haben auch durch Vorstellungen ein (indirektes) Wissen über uns selbst: Wir wissen, wie wir aussehen, weil wir uns an unser Spiegelbild erinnern oder an Photos von uns. Dasselbe gilt für unseren Charakter: Die Menschen haben uns gesagt, wir seien egozentrisch, melancholisch, optimistisch und alles Mögliche. Vielleicht halten wir uns für intelligent oder für ungeduldig. Auch wenn diese Bezeichnungen nur vorübergehend zutreffen, akzeptieren wir sie als *permanente* Eigenschaften unseres Körpers und unseres Geistes. Indem wir (mit Hilfe unserer Erinnerung) all dies zusammenfügen, erhalten wir ein Bild von uns, das wir unsere Persönlichkeit nennen.

Als Erwachsene haben wir gelernt, uns mit diesen Empfindungen und Eigenschaften, mit all diesen Vorstellungen über uns selbst zu *identifizieren*. Auch wenn die Vorstellung, eine Persönlichkeit zu sein, an sich nur ein weiteres vorüberziehendes Bild ist, haben wir uns davon überzeugt, dass diese Persönlichkeit mit all ihren Eigenschaften das ist, was wir wirklich sind. Doch wenn wir sehr aufmerksam hinschauen, können wir feststellen, dass diese Empfindungen weder in unserem Körper noch in unserem Gehirn erscheinen, sondern in unserer bewussten Aufmerksamkeit. Die Wisenschaftler behaupten, Bewusstsein sei eine Funktion, die aus dem Gehirn, einem Organ unseres Körpers, entstehe. Aber wenn wir den Mut haben, es selbst zu überprüfen, stellen wir möglicherweise das Gegenteil fest: Nicht wir erscheinen in unserem Geist oder in unserem Körper, sondern *sie erscheinen in uns*. Mit anderen Worten erscheinen unser Körper und unser Geist als Bilder in unserer bewussten Aufmerksamkeit, so wie Wolken, die am Himmel vorbeiziehen, oder Wellen, die sich auf einem See kräuseln.

DIE VERLAGERUNG DER AUFMERKSAMKEIT

Gott hat die Sinne nach außen gelenkt,
deshalb schaut der Mensch nach außen
und nicht nach innen.
Zuweilen jedoch blickte eine kühne Seele
auf der Suche nach Unsterblichkeit zurück
und fand sich selbst.

KATHA UPANISHAD

Wenn wir unsere Sinne transzendieren wollen, sind wir mit einem erheblichen Problem konfrontiert: Wir können dies nicht in einem Buch erklären. Es geht hier um etwas, das wir nicht so lernen können wie Autofahren oder wie wir Algebra gelernt haben. Es kann nicht vom Verstand bewerkstelligt werden, sondern es ist eine sehr subtile Transformation, etwas, was man nur „willkommen heißen" kann. Wir können es nicht mit Konzentration oder mit Willenskraft erreichen. Einige Lehrer sagen, wir können nicht danach suchen, sondern wir müssen einfach zulassen, dass Es uns findet. Andere sagen, es gäbe einige Tricks. Bestimmte Yoga- und Meditationstechniken können uns durchaus eine „andere" Dimension wiederfinden lassen. In diesem Buch werden wir uns vor allem mit einigen Experimenten beschäftigen, die entwickelt wurden, um unseren Geist dieser „anderen Dimension" wieder zu öffnen. Bei diesen Experimenten handelt es sich nicht um die üblichen Meditationstechniken oder Yogaübungen; sie verweisen einfach nur auf unsere wahre Natur: Bewusstsein.

Im ersten Experiment geht es um die Umkehrung unseres optischen Fokus. Für dieses Experiment benötigen wir ein Blatt weißes Din A4 Papier. Wir rollen es so zusammen, dass es auf unser rechtes Auge passt. Dann bedecken wir unser linkes Auge mit unserer linken Hand und halten die Rolle mit der rechten. Man braucht zwei Personen für dieses Experiment (siehe Abb. A), aber wenn wir allein sind, schauen wir stattdessen einfach auf die Abbildung B. Unser Partner soll sich uns gegenüber setzen und das andere Ende der Rolle an sein oder ihr Auge halten.

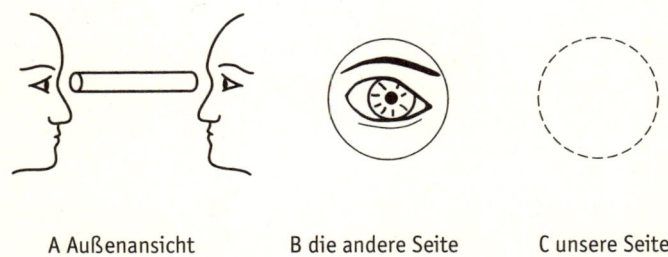

A Außenansicht   B die andere Seite   C unsere Seite

Wir beginnen mit einer sehr einfachen Frage. Wenn wir das Auge unseres Freundes sehen, sehen wir auch unser eigenes Auge? Nein, natürlich nicht! Wir wollen es hier und jetzt ausprobieren, es bringt nichts, zu glauben, was andere sagen. Das Auge kann sich selbst nicht sehen. Was sehen wir also *auf „unserer" Seite?* Wir brauchen gar nicht darüber nachzudenken, sondern nur für einen Augenblick klar sein: Was nehmen wir auf unserer Seite der Rolle wahr? Nun, wir sehen … nichts … oder ist es ein Nichts, das mit Gewahrsein gefüllt ist? Ein Licht, das von nirgendwoher leuchtet … Schauen wir noch einmal. Wenn wir wirklich klar sehen, ohne darüber nachzudenken, sehen wir klare Leere auf unserer Seite. Wir sehen das Auge unseres Freundes am gegenüberliegenden Ende der Rolle (Abb. B) und wir sehen reines Bewusstsein auf unserer Seite der Rolle (Abb. C).

Es geht nur darum, den Unterschied zwischen der Sicht der Ersten Person und der Sicht der zweiten oder dritten Person wahrzunehmen. Die Sicht der Ersten Person entspricht dem „Ich" (dem offenen Gewahrsein des Neugeborenen), die Sicht der zweiten Person entspricht dem „Du" (wenn dir jemand ins Gesicht schaut) und die Sicht der dritten Person entspricht „ihm" oder „ihr" (wenn jemand dich von der Seite anschaut).

Wenn wir genauer in die Rolle schauen, können wir bemerken, dass wir am anderen Ende Farben sehen und auf unserer Seite Transparenz. Und das ist Es! Mehr gibt es nicht zu entdecken – darum allein geht es bei diesem Experiment: diese wache Leere auf unserer Seite zur Kenntnis zu nehmen. Jedes Kind kann dies sehen. Und wir ebenso, wenn wir unsere Vorstellungen und Glaubenssätze loslassen können. Wenn wir unsere Aufmerksamkeit um 180° umkehren, sehen wir Objekte und Farben am anderen Ende der Rolle und Transparenz und Leere auf unserer Seite (19).

Um unsere Seite, die uns nah ist, geht es im Wesentlichen, auf diese Quelle des Gewahrseins richtet sich dieses Experiment.

Wenn wir diese Verlagerung der Aufmerksamkeit zulassen, kehren wir unseren Blick um 180° um. Und damit bekommen wir einen direkten Kontakt zu unserem Bewusstsein. Was ist nun der Sinn dieses Experiments? Was hat es damit zu tun, unsere wahre Natur zu finden? Wenn wir sagen, wir suchen nach unserer wahren Essenz, nach dem, was uns ganz nah ist, dann müssen wir unsere Aufmerksamkeit doch auf jenen Bereich im Zentrum richten, oder? Und das tun wir in diesem Experiment in der Tat. Wir schauen das an, was nahe liegt, nicht das, was entfernt ist. Es mag tatsächlich etwas merkwürdig sein, auf das eigene Auge zu verweisen, doch es ist der direkteste Weg, Dem „nahe zu kommen". Und was finden wir hier? Wir sehen gar nichts Bestimmtes, ausser einem Licht der Aufmerksamkeit, das hell leuchtet. Das zu sehen, ist eine Entdeckung! Das, was so nahe liegt, scheint *reine Aufmerksamkeit* zu sein. Dieses einfache Gewahrsein wird manchmal als Klarheit und Transparenz beschrieben. Wir werden den Begriff „Bewusstsein" benutzen, aber es gibt auch viele andere mögliche Bezeichnungen. Jan van Ruysbroeck nannte es „Claerheit" (Klarheit) und Shakespeare beschrieb es als „unser gläsern Element".

DAS DRITTE AUGE

> *Kann ich mich selbst in einem Spiegel finden?*
> *Wenn Sie nach außen schauen,*
> *haben Sie sich selbst aus dem Blick verloren*
> *und Ihre Sicht bleibt äußerlich.*
> *Wenden Sie Ihren Blick nach innen.*

RAMANA MAHARSHI

Im Osten hat man schon immer – mehr als im Westen – von dem Phänomen gesprochen, „das dritte Auge zu öffnen". Dieses Öffnen des dritten Auges bedeutet, dass wir plötzlich eine erleuchtete Einheitsschau des Lebens erfahren. Der östlichen Ikonographie zufolge liegt diese geheimnisvolle Stelle etwas erhöht zwischen den beiden Augenbrauen. In der mystischen Literatur des Orients gibt es viele Geschichten über das Öffnen des dritten Auges. Von Ramakrishna, einem berühmten Weisen, der vor etwa hundert Jahren in Indien lebte, erzählt man sich folgende Geschichte (20): An einem entscheidenden Punkt in seinem Leben kam einmal ein anderer Weiser zu ihm, nahm einen Glassplitter, drückte ihn zwischen Ramakrishnas Augen und befahl ihm, sich auf diese Stelle zu konzentrieren. Nach kurzer Zeit hatte Ramakrishna eine mystische Erfahrung, die ihm eine erstaunliche Welt offenbarte. Er sah, wie man die Welt durch dieses einzige Auge sehen kann und seine Sicht des Lebens und der Welt änderte sich vollkommen: Er hatte sein wahres Selbst gefunden.

Viele Menschen im Westen glauben, dieses einzige oder dritte Auge sei rein bildlich zu verstehen. Andere meinen, es hätte etwas mit Hellsichtigkeit zu tun oder damit, ein Hindu Fakir zu werden. Es wird später noch klar werden, dass die Experimente in diesem Buch nichts mit übernatürlichen Fähigkeiten oder außersinnlichen Wahrnehmungen zu tun haben. Wir streben nicht danach, Dinge oder Phänomene zu sehen, die anderen Menschen verborgen sind, ganz im Gegenteil: Wir werden lernen, das zu sehen, was jedes Kind sehen kann! Bei diesem „klaren Sehen" geht es nur darum, ohne die Glaubenssätze zu sehen, die unsere Wahrnehmungen färben. Es wird also nichts Neues hinzugefügt, sondern wir sehen einfach ohne unsere „Sonnenbrillen". Wir könnten auch sagen, wir kehren zur Sichtweise eines Neugeborenen zurück. Später wird sich zeigen, dass diese Öffnung unseres dritten Auges, die wir in den folgenden Experimenten erfahren werden, mehr mit einer Veränderung dessen zu tun hat, *von wo aus* wir sehen, als mit dem, *was* wir sehen. Wir wollen keine Gedankenleser werden, wir beanspruchen nicht, die Wahrnehmungen der Welt, die wir sehen, zu verändern. Wir wollen einfach nur ganz unverschleiert den, der sieht, anschauen. Jetzt.

Wir beginnen mit einer einfachen Frage. Sie betrifft die Beobachtung dieses Buches, das wir gerade jetzt lesen. Es handelt sich um eine Frage, die uns zu einer Entdeckung führen kann, die gleichzeitig kindisch und überwältigend erscheinen mag. Wenn wir dieses Buch anschauen, sehen wir zwei Teile, die in der Mitte von einer vertikalen Linie getrennt sind? Sehen wir also zwei Bildflächen? Die Wissenschaft sagt, wir würden durch zwei kleine Gucklöcher in unserem Kopf, genannt Augen, schauen und durch einen so genannten optischen Effekt ein einziges Bild erhalten. Wir können zweifellos in Anatomiebüchern nachlesen, dass wir zwei Augen haben, doch das ist die Sicht Außenstehender. Wir aber sprechen von der Sicht, die von innen schaut. Wenn wir uns noch mal fragen, aus wie vielen Augen wir schauen, müssen wir eingestehen, dass das Ergebnis nur *ein* Bild ist. Es klingt vielleicht simpel oder lächerlich, doch wir stellen fest, dass wir tatsächlich durch eine einzige Linse und nicht durch zwei getrennte Linsen schauen. Und wir haben niemals durch etwas anderes als dieses große ovale Fenster geschaut.

Wenn wir entdecken, dass wir durch *eine* Linse anstatt durch zwei Augen sehen, sind wir bereit, einen Schritt weiter zu gehen. Um unser Drittes Auge zu enthüllen, müssen wir zusätzlich unsere Aufmerksamkeit um 180 Grad umkehren. Diese Umkehr unserer Aufmerksamkeit ist genau dieselbe Verlagerung wie bei dem Experiment mit der Papierrolle. Wir sollten aber nicht meinen, jetzt käme der große Trick: Was kommt, ist schlicht und einfach, ohne irgendeinen Zauber. Doch die Tatsache, dass es unspektakulär ist, bedeutet nicht, dass es nicht wertvoll ist. Indem wir unsere Aufmerksamkeit auf das Innen richten, auf den Zeugen, anstatt auf das Objekt, können wir direkt zum ursprünglichen Subjekt kommen. Jeder kann dieses Experiment nutzen, was jedoch nicht heißt, dass jeder sofort das Einzige Auge „sehen" wird. Wir schauen uns dafür einfach dieses Buch an, das wir gerade lesen, und achten einmal auf den Unterschied zwischen dem Text und der transparenten Linse, durch die wir sehen. Das Erste ist das Objekt, das wir betrachten, diese schwarzen Buchstaben auf weißem Papier: Letzteres ist die Aufmerksamkeit, die sieht. Wieder können wir feststellen, dass wir nicht durch diese zwei kleinen Fenster namens Augen schauen, sondern durch ein großes Fenster. Vielleicht entgeht es in seiner Einfachheit unserer Aufmerksamkeit, aber dieses große Fenster ist kein schwarzer Zauberkasten, sondern eine Quelle des Gewahrseins, ein weiter Raum der Klarheit. Selbst wenn wir ein Auge schließen, können wir trotzdem den Unterschied zwischen dem Buch in unseren Händen und diesem Gewahrsein „auf unserer Seite" erkennen; die anatomischen Einzelheiten sind dabei nicht mehr wichtig. Später werden wir entdecken, dass wir uns der Klarheit auf dieser Seite auch noch bewusst sein können, wenn wir beide Augen geschlossen haben.

Auch wenn dieses Experiment nicht spektakulär ist, kann es wichtige Konsequenzen für unsere spirituelle Suche haben. Dies wird später noch erläutert werden. Aber was macht dieses Experiment im Moment für einen Sinn? Diesen weiten Raum zu sehen, verändert unsere Sichtweise der Welt nicht. Wir entdecken jedoch den Unterschied zwischen einem Objekt (in diesem Fall: einem Buch) und dem Einzigen Auge (dem Subjekt, dem, der schaut). Wenn der Unterschied zwischen diesen beiden klar wird, ist es offensichtlich, dass es sich bei Ersterem um ein Objekt dort drüben, etwa 25 cm von unserem Gesicht entfernt, handelt, während sich das andere genau hier im Zentrum unseres Seins befindet. Wir haben uns also einfach mal das Subjekt angeschaut. Wie können wir unser Leben leben, ohne dieses Subjekt jemals zur Kenntnis zu nehmen? Diese Entdeckung kann uns wie ein Blitz treffen oder wie die Morgenröte vor uns aufgehen: Eine Quelle des Lichts existiert, die es uns ermöglicht, dessen gewahr zu sein, was wir wahrnehmen, und bei diesem Experiment wenden wir ihr einfach nur unsere Aufmerksamkeit zu. Alles, was wir in unserem Leben wahrnehmen, sind Objekte, aber dieses Licht ist der Seher, das *Subjekt*. Und wir haben unser Leben und unsere Welt immer durch diese klare Linse, diesen einzigen Bildschirm gesehen. Das Einzige Auge – das, was sieht – ist grenzenlos, zeitlos und enthält die ganze Landschaft. Oder wir können auch sagen, die Landschaft, die wir sehen, verändert sich die ganze Zeit, doch die leere Leinwand bleibt dieselbe. Sie ist ein Fenster, durch das uns unsere Welt erscheint.

DAS URSPRÜNGLICHE GESICHT

Jeder mag einen Spiegel,
obwohl er die wahre Natur seines Gesichts
gar nicht kennt.

RUMI

Für das nächste Experiment brauchen wir einen Spiegel. Die Absicht ist dieselbe wie bei den anderen Experimenten, und wir werden nur unseren Sinnen trauen und keinen Glauben übernehmen. Wir akzeptieren also keine vorgefertigte Auffassung über unsere wahre Natur, wir versuchen, all unsere festgelegten Vorstellungen loszulassen und kehren unsere Aufmerksamkeit genau 180° um. Zögere nicht, dich vor einen Spiegel zu stellen, um die nächsten Schritte nachzuvollziehen. Ein kleiner Handspiegel oder die Spiegelung im Fenster genügt auch. Aber nur beim Lesen an einen Spiegel zu denken, wird nicht ausreichen. Das heißt, es nützt nichts, sich nur vorzustellen, wie das Experiment gehen sollte. Wenn du im Augenblick keinen Spiegel zur Hand hast, warte mit dem Weiterlesen, bis du einen hast.

Der Pfeil unserer Aufmerksamkeit richtet sich ständig auf Objekte und Sinneseindrücke, aber was ist der Bogen, von dem er abgeschossen wird? Bei dieser Erforschung geht es wieder darum, unsere eigene Autorität zu sein und den Unterschied zwischen unserer essentiellen Wirklichkeit (dem Subjekt) und unserer Erscheinung im Spiegel (einem Objekt) zu erkennen. Wenn wir vor einem Spiegel stehen, versuchen wir jetzt, den Unterschied zwischen dem Gesicht im Spiegel, das heißt unserer Reflexion in etwa einem halben Meter Entfernung, und unserem transparenten Gesicht auf „dieser Seite" zu sehen (21).

Eine große Falle bei diesem Experiment besteht darin, dass wir uns von außen sehen möchten, so wie eine dritte Person uns aus der Entfernung sehen würde (siehe Abb. A). Wir müssen wirklich „auf unserer Seite bleiben" und das sehen, was wir sehen. Können wir einen Unterschied zwischen den beiden „Gesichtern" feststellen? Können wir den Unterschied zwischen Abbildung B und Abbildung C sehen? Wenn wir unsere Vorurteile loslassen, sehen wir auf der anderen Seite unser Spiegelbild (Abb. B) und auf unserer Seite unsere nackte Aufmerksamkeit (Abb. C), die reines Bewusstsein ist. Das eine dort drüben ist ein Objekt (unsere Erscheinung), das andere hier ist das Subjekt. Mystiker und Weise behaupten, dieses Subjekt sei das, was wir wirklich sind. Es ist die Lichtquelle unseres Films und ist uns daher näher als unser eigenes Gesicht. Im Zen wird es als *das Ursprüngliche Gesicht* bezeichnet.

Vielleicht glauben wir zunächst nicht sofort, dass ein direkter Kontakt mit unserem reinen Bewusstsein so einfach ist. Und

 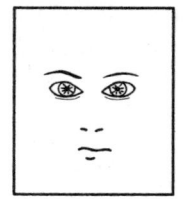 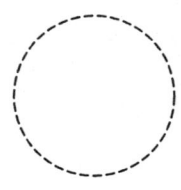

A die Sicht einer
  dritten Person
  (Sicht eines
  Außenstehenden)

B die Sicht einer
  zweiten Person
  (Gesicht im Spiegel)

C Sicht der
  Ersten Person
  (Ursprüngliches
  Gesicht)

obwohl es anfangs gar nicht so beeindruckend ist, obwohl es nicht mehr als ein Lichtblitz war, haben wir tatsächlich unser wahres Zentrum gesehen. Auch wenn wir all die Folgen dieser Entdeckung noch gar nicht ermessen können, ist diese Einsicht doch das reine Gewahrsein, von dem wir vorher gesprochen haben.

Es heißt, dass Tung-Shan (807-869), der zum Begründer des Soto Zen wurde, sein [das] Ursprüngliche(s) Gesicht sah, als er die Reflexion seines Gesichts in einem Teich erblickte. Er sah sein *menschliches Gesicht* unten auf dem Wasser und das *Gesicht der Ersten Person* in jenem Zentrum des Gewahrseins, über das wir in diesem Kapitel sprechen. Genau dazu fordert uns dieses Experiment auf. Erneut können wir uns fragen: „Was bringt es, diese Transparenz zu sehen?" Die Antwort darauf offenbart sich, wenn wir den Unterschied zwischen dem „Gesicht" auf der anderen Seite (dem Objekt) und dem „Gesicht" auf dieser Seite

Sichtweise X	Sichtweise Y
Gesicht im Spiegel	Ursprüngliches Gesicht
zwei Augen	ein Einziges Auge
undurchsichtig	transparent

Niemand zu Hause

(dem Subjekt) erkennen. Wir wollen unsere eigene Autorität sein und noch mal schauen. Wir blicken erneut in den Spiegel und prüfen es selbst nach. Glauben nützt hier nichts.

Was sehen wir jetzt? Es gibt mehrere Unterschiede zwischen unserem Gesicht im Spiegel und dem Zentrum unseres Gewahrseins. Ein Unterschied ist, dass das Gesicht im Spiegel zwei Augen hat und das Gesicht auf unserer Seite nur eins. Wie wir schon zuvor erkannt haben, sehen wir nicht durch zwei kleine Gucklöcher, sondern durch eine große Linse auf „unserer Seite". Es gibt also in Wirklichkeit drei Augen: zwei Augen, die einen halben Meter von uns entfernt sind, und ein großes Auge auf unserer Seite. Deshalb wird das Zentrum des Gewahrseins das dritte Auge genannt. Dieses dritte Auge ist natürlich kein Auge im anatomischen Sinn, sondern ein Fenster, durch das unsere Umgebung gesehen wird. Dieses Fenster ist das Zentrum unseres Seins und wird in diesem Buch reines Bewusstsein oder klares Gewahrsein genannt.

DIE QUELLE DES LICHTS

Jeder der 1700 Koans des Zen
beabsichtigt nur,
uns unser Ursprüngliches Gesicht zu zeigen.

DAITO KOKUSHI

Wenn wir das Spiegelexperiment durchführen, bekommen wir sozusagen einen Einblick in das Subjekt. Dieses Subjekt ist dasselbe wie das „reine Bewusstsein" und das, was im Zen Buddhismus das Ursprüngliche Gesicht genannt wird. Obwohl unsere Aufmerksamkeit optisch gesehen noch mit unserem Spiegelbild (Abb. B) beschäftigt war, hatten wir – vielleicht – eine Vision unseres Ursprünglichen Gesichts. Douglas Harding nennt dieses Zurückblicken ins reine Gewahrsein „die Sicht der Ersten Person". Er sagt: „Fühlt sich das nicht absolut stimmig, wahr und angenehm an? Ist das nicht das Tor zu unserem wahren Wesen und sind wir das, ohne es zu merken, nicht die ganze Zeit über gewesen? Ist das nicht unsere Heimkehr?" (22) Und wie ist die wache Leere beschaffen? Sie ist tatsächlich ein Paradox: Einerseits ist dieser Raum leer, andererseits *bewusst* und mit allem gefüllt, was in ihm erscheint. Wir könnten es eine „gefüllte Leere" nennen. Sie ist ein hell strahlendes Licht. André Breton, der Anführer der Pariser Surrealisten, sagte: „Ich glaube, die Menschen werden weiterhin immer das Bedürfnis haben, die Quelle des magischen Stroms zu erforschen, der aus ihren Augen fließt und der die existierenden und die nicht-existierenden Dinge gleichermaßen in dasselbe halluzinatorische Licht- und-Schattenspiel taucht." (23)

Was für einen Sinn macht es, diese so genannte gefüllte Leere zu erfahren und in unser eigenes Gewahrsein „zurückzublicken"? Ist es nicht ein bisschen lächerlich zu glauben, dieses Sehen könne uns spirituelle Befreiung bringen? Können wir Douglas Harding glauben, wenn er behauptet, dies sei bereits DAS? Ist dies dieselbe Leere, von der alle großen Mystiker sprechen? Ist dieser Weg nicht zu einfach, um wahr zu sein? Einige von uns haben vielleicht erwartet, dass dieses berühmte Dritte Auge viel schwieriger zu sehen und eine weitaus spektakulärere Erfahrung sein würde. Und wie erleben wir es? Anstatt eine spektakuläre Gipfelerfahrung zu sein, ist es eher eine Talerfahrung. Auch wenn wir meinen, dieses „Sehen" sei nur ein kleiner Vorgeschmack dessen, was die großen Mystiker erfahren haben, sagt Douglas Harding, dies *sei* bereits unser Ursprüngliches Gesicht. Auch wenn es nur ein „kurzer Einblick" war, ist es bereits DAS. Für Außenstehende hören sich diese Einblicke ins einfache Gewahrsein vielleicht großartig an, doch in Wirklichkeit ist das

Niemand zu Hause

Erkennen dieser Leere überhaupt nichts Außergewöhnliches: Dieses reine Gewahrsein ist in Wirklichkeit unser natürlicher Zustand und um zu ihm zu erwachen, brauchen wir ihn nur wieder zu erkennen. Sogar wenn wir Es nicht sehen, ist das Unendliche dennoch da! Auch wenn solche Einblicke reinen Gewahrseins leicht von den geräuschvollen Aktivitäten des Geistes beeinträchtigt werden, ist das Gewahrsein selbst immer zugänglich. Es ist wie der Sonnenschein, der von den Wolken verdeckt wird; wir wissen, dass die Sonne immer scheint, selbst wenn wir den Sonnenschein nicht direkt sehen.

WER BEOBACHTET DEN BEOBACHTER?

Das Unbenennbare ist des Himmels
und der Erde Urgrund,
das Benennbare ist die Mutter
aller zehntausend Dinge.

TAO TE KING

Wenn wir uns danach fragen, wer wir sind, so scheinen wir zahlreiche Identitäten zu haben. Wenn wir sagen „Ich denke", bezeichnen wir mit „Ich" unsere Gedanken. Wenn wir sagen „Ich schaue Fernsehen", bezeichnen wir mit „Ich" unser Sehvermögen. Wenn wir schreiben, beziehen wir uns auf unsere Arme und Hände. Wenn wir sagen „Ich bin ein Mann" oder „Ich bin eine Frau", beziehen wir uns auf unseren Körper; wenn wir sagen „Ich bin ein Philosoph" beziehen wir uns auf unsere Persönlichkeit und so weiter. Doch es existiert noch ein anderes ICH, das der Hintergrund all unserer Gedanken und Gefühle ist, die Essenz unserer Aktivitäten und physischen Merkmale. Dieses „Ich" ist das Subjekt. Es ist die Leinwand, die all diesen geistigen Bildern Raum gibt.

Wie wir bereits zuvor erklärt haben, ist es wichtig, zur Kenntnis zu nehmen, dass dieser Zeuge etwas anderes ist als unsere Persönlichkeit; er ist sogar mehr „Ich" als das Bild, das wir von uns selbst haben. Der Zeuge ist das Subjekt, das Bezeugte sind die Objekte. Dieses Subjekt ist der Zeuge unseres Körpers und unseres Geistes, ohne jedoch mit ihnen identisch zu sein. Dieser letzte Zeuge ist der Kern unseres bewussten Seins und unterscheidet sich total von den Eigenschaften unserer Person (obwohl Er diese Person einschließt). Er ist der Ursprung unseres subjektiven Existenzgefühls.

Als Experiment können wir einmal einige Sekunden lang unsere Augen schließen; wir können bemerken, dass das visuelle Bild des Buches verschwunden ist und nur noch Dunkelheit herrscht [bitte nachprüfen!]. Doch diese Veränderung ist nur optisch; alles andere läuft weiter: Gedanken kommen und gehen weiter, Gefühle tauchen auf und wechseln einander ab, und Körperempfindungen wie Behagen und Schmerz kommen und gehen. Geräusche ertönen und verschwinden. Was können wir sonst noch hier entdecken? Nun, während des ganzen Experiments ist der letzte Zeuge *nicht* verschwunden. Selbst wenn wir all unsere Gedanken stoppen könnten und absolute Stille herrschte, würde die Gewissheit „Ich bin" weiterhin da sein. Auch wenn wir unsere Augen öffnen, hat sich das reine Bewusstsein nicht verändert, ihm wurde nur ein optisches Bild hinzugefügt. Wenn uns jemand auffordert, das Gewahrsein selbst zu beobachten, müssen wir zugeben, dass wir diesen Hintergrund nicht mit unseren Augen sehen können. Das ist nicht nach dem Geschmack der Wissenschaftler, denn dieses reine Gewahrsein kann somit nicht zu einem Objekt wissenschaftlicher Beobachtung gemacht werden, da es vollkommen eigenschaftslos ist. Der letzte Zeuge besitzt keine räumlichen Dimensionen, er kann weder lokalisiert noch identifiziert werden. Er selbst ermöglicht es überhaupt, die Sinneseindrücke in unserem Geist wahrzunehmen. Dieser unpersönliche Beobachter existiert vor allen Empfindungen und ohne Ihn wäre Existenz nicht einmal erfahrbar. Die Erfahrung dieses absoluten Bewusstseins fegt all die Glaubenssätze weg, die wir jemals hatten, und gleichzeitig bekommen wir einen Geschmack jener unpersönlichen Energie, auf die alle spirituellen Traditionen verweisen. Alle bewussten Wesen haben Anteil an diesem absoluten Sein, das heißt, *ein* Seher existiert in allen Wesen. Der berühmte buddhistische Zen-Meister Hui Hai sagte: „Wir sehen nicht mit unseren Augen, sondern mit unserer Buddha-Natur."

Dieses Einzige Auge ist die göttliche Energie, die alles umfasst. Dennoch ist es gefährlich, diese Universelle Energie mit so einem Wort wie „göttlich" zu beschreiben. Wir benutzen in diesem Buch nicht das Wort *Gott* oder *Buddha-Natur*, sondern lieber die Ausdrücke „reines Bewusstsein" oder „unpersönliche Energie", weil diese Ausdrücke das Unbegrenzte nicht auf eine begrenzte Wesenheit beschränken. Das Wort „Gott" wurde so oft missbraucht, vor allem von Menschen, die jene Transparenz nie erfahren haben. Diese Offenheit, auf die wir mit den Experimenten verweisen, kann nicht zu etwas Persönlichem gemacht werden (24). Dasselbe gilt auch für die Quelle des Lichts. Es hat zu so vielen Missverständnissen in der Geschichte der Menschheit geführt, das Unpersönliche zu personifizieren. Wenn einmal Klarheit über unser wahres Wesen herrscht, wird es offensichtlich, dass dieser Ursprung des Lichts nie von einem bestimmten religiösen System erfasst werden kann. Diese Unbegrenztheit in ein spirituelles System zu pressen, ist genauso, als wolle man den pazifischen Ozean in eine Teetasse füllen. Die Anhänger eines jeden Systems sind davon überzeugt, sie hätten die schönste Tasse, aber diejenigen Leser, die das Anliegen dieses Buches verstanden haben, werden darin übereinstimmen, dass diese Transparenz nichts mit den miteinander wetteifernden Glaubenssystemen zu tun hat. Es wird klar, dass all diese

Wege und organisierten spirituellen Systeme nur anziehende Möglichkeiten darstellen, das unmittelbar klare Sehen aufzuschieben. Wahre Befreiung ist hier und jetzt zugänglich und es bedarf keiner Philosophie oder spirituellen Organisation, um sie zu erfahren.

JENSEITS DER DUALITÄT

Wie können wir unsere wahre Natur wahrnehmen?
Das Wahrnehmende selbst ist unsere wahre Natur.

HUI HAI

Da unsere Sinne dazu erzogen wurden, sich nach außen zu richten, richtet sich unser Geist in dieselbe Richtung und im Laufe unserer Entwicklung haben wir uns daran gewöhnt, denjenigen zu übersehen, der sieht. Wir haben gelernt, als „dritte Person" zu leben und haben die Sichtweise der Ersten Person vergessen. Wir haben unser wahres Wesen vergessen und uns mit unseren Sinnen, mit dem, was wir unserer Ansicht nach sind, identifiziert – mit unserer Persönlichkeit.

In der Erfahrung unserer wahren Natur können wir jedoch die Illusion der Dualität durchschauen, selbst wenn wir dies niemand anderem erklären können. Haben wir den Schleier von Zeit und Raum durch die Umkehr unserer Aufmerksamkeit (beispielsweise bei einem Gewahrseins-Experiment) einmal durchstoßen, löst sich der Unterschied zwischen Subjekt und Objekt auf. Subjekt und Objekt werden „eins", weil keine Ich-Vorstellung mehr im Weg steht. Es ist schon etwas merkwürdig, dass wir unsere wahre Natur genau in dem Moment sehen können, wenn das persönliche Subjekt verschwunden ist. Dann schauen wir [wer?] zurück in das Einzige Auge, in das Gewahrsein Dessen, der sieht. Und *in* diesem Gewahrsein erscheint unsere Persönlichkeit, die als Teil der Aufführung die Rolle ihres Lebens spielt. Das Ich meinte zuvor, der Mittelpunkt unseres Lebens zu sein, doch jetzt verlagert es sich zur Peripherie, zur Welt der Sinneseindrücke und Objekte, der Gedanken und Gefühle. Auf jener Ebene darf es seine Rolle spielen. Diese Sicht wird manchmal „Transparente Vision" genannt, da wir das Leben jetzt aus einer neuen Perspektive leben.

Diese Transparenz ist tatsächlich so klar, dass wir sofort aufgeben, sie analysieren zu wollen, denn sobald wir dieses reine Sein analysieren, nehmen wir wieder die Position der dritten Person ein. Dieses Sein kann nicht untersucht werden. Wir können uns zwar *vorstellen*, dass wir uns von Ihm distanzieren und beginnen, es zu analysieren. Doch werden wir dann nur *Vorstellungen* über das reine Sein haben und nie ein Verständnis dieses Seins selbst. Normalerweise teilen wir unsere Welt in zwei auf, mich (als Person) und etwas anderes (ein Sinneseindruck, eine andere Person, ein Konzept, ein Gefühl und so weiter). Dieser dualistische Ansatz war und ist in der westlichen Philosophie sehr verbreitet. In der Dualität haben wir eine Beziehung zwischen unserem „Ich" und der übrigen Welt. Unser Ich sagt, das seien zwei getrennte Elemente, und damit beginnt der Dualismus. Doch wenn wir all diese Konzepte unseres Verstandes außer Acht lassen und diese Auffassung von Beziehungen zwischen „Ich" und „Nicht-Ich" in die richtige Perspektive rücken, *transzendieren wir all das*. Dann nähern wir uns der nicht-dualistischen Sichtweise und können die Einheit in allem erkennen.

EINE OFFENE EINSTELLUNG

Es gibt nichts,
das irgendwie anders sein sollte,
das verändert werden sollte.
Alles ist göttlich. (25)

TONY PARSONS

Viele spirituelle Lehrer sagen, wir könnten in Augenblicken der Stille unseren Ursprung erfahren, und sie haben viele Techniken entwickelt, um dieses Einssein in der Stille (d. h. während der Meditation) wiederzufinden. Trotzdem sollten wir bedenken, dass das Erkennen der Unbegrenztheit auch während der Aktivität möglich ist. Später werden wir auch sehen, dass diese Unbegrenztheit jenseits von Aktivität oder Stille ist. Sie existiert vor *allem*, vor jedem Konzept, und ist gleichzeitig allumfassend.

Die Augenblicke der Stille (beispielsweise während der Meditation, während eines Bewusstseinsexperiments, während einer Transzendenzerfahrung) können sozusagen eine gute Einführung dazu sein, dieses Gewahrsein wiederzufinden, doch haben wir Es einmal erfahren, erkennen wir, dass Es nicht von einem Zustand unseres Geistes abhängig ist. Wir müssen nicht Yoga oder Meditation üben, um das reine Bewusstsein zu erfahren. Haben wir Es einmal erlebt, dann wissen wir, dass Es jederzeit zugänglich ist. Wenn wir beispielsweise einen Augenblick lang völlig in irgendeiner Handlung aufgehen, können wir „uns" in dem Geschehen verlieren. Wenn wir von einer bestimmten Aktivität in Anspruch genommen sind, kann sich ein vertrautes Einssein mit dieser Handlung einstellen. Dies zu sehen, also zu beobachten, was in unserem täglichen Leben geschieht, kann zu einer Art der Meditation mit offenen Augen werden und somit zu einer Einführung in das, worum es in diesem Buch geht.

Niemand zu Hause

Dieses Sehen scheint für einige Menschen sehr schwierig zu sein und ist gleichzeitig auch sehr einfach. Das Einfache daran ist, dass wir keine besonderen Fähigkeiten brauchen, um es zu erfahren; das Schwierige ist, dass wir unsere persönliche Sicht der Welt hinter uns lassen müssen. Meistens sind wir von der Vergangenheit oder der Zukunft abgelenkt, von unseren Tagträumen, unseren Vorstellungen von Gut und Böse. Wir sind wie hypnotisiert von unseren Erwartungen, unseren Zielen und unseren Ängsten. Innerlich verlassen wir ständig das „Hier und Jetzt, so wie es ist", um Abstraktionen, Erinnerungen oder Phantasien nachzuhängen. Dieses ganze innere Geschwätz entfernt uns von unserem Mittelpunkt, von dem, was hier und jetzt geschieht. Mark McCloskey sagte:

Eine sanfte, liebevolle Stille voller Frieden existiert hier und jetzt in diesem Moment. So war es immer. Sie ist immer hier. Genau hier in dir und um dich herum, eine Stille, eine scheinbare Leere und ein Nichts, aus dem alles entsteht, existiert und wieder vergeht. (26)

Diese Stille zu erkennen und das alltägliche Leben aus jener Sicht zu leben, bewirkt ein Gefühl der Offenheit und der Wertschätzung des Gewöhnlichen in uns. Die innere Stimme, die ständig ihren Kommentar geben und sich einmischen will, ist jetzt im Hintergrund. Und auch wenn man nichts Spektakuläres darüber berichten kann, so kann diese Erfahrung eine überströmende Freude in uns bewirken, da wir nun ein Verständnis für Dinge und Menschen haben, so wie sie sind. Sogar das einfache, normale Leben ist ein Ausdruck des Göttlichen. Und selbst wenn wir nicht von einem permanenten Zustand der Glückseligkeit sprechen können, stellen wir fest, dass sich das Unendliche *überall* ausdrückt.

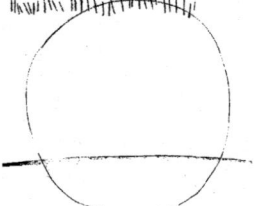

5 DIE MACHT DES DENKENDEN GEISTES

Doch der Mensch, der stolze Mensch,
in kleine, kurze Majestät gekleidet,
vergessend, was am mindsten zu bezweifeln,
sein gläsern Element … wie zorn'ge Affen,
spielt solchen Wahnsinn gaukelnd vor dem
Himmel,
dass Engel weinen.

SHAKESPEARE

KÖNNEN WIR DAS ZEITLOSE BESCHREIBEN?

Plötzlich zu der Tatsache zu erwachen,
dass dein eigener Kern der Buddha ist,
dass es weder etwas zu erreichen gibt
noch irgendein Tun erforderlich ist –
das ist der Höchste Weg.

HUANG-PO

Wir alle folgen in unserem Leben einem klaren Denkmuster, der sogenannten horizontalen Zeitachse: Man sagt uns, unser Leben beginne mit der Empfängnis, entwickle sich zum Erwachsenensein und ende mit dem Tod. Die Gesellschaft funktioniert nach einer *offiziellen* Zeit, die in stetigem Rhythmus tickt. Wir stellen uns Zeit als etwas vor, das wie ein endloser Strom fließt, und wir stehen in seiner Mitte, in einem Moment, den wir Gegenwart nennen. Hinter uns fließt dieser Strom weiter und weiter von uns fort in die Vergangenheit. Vor uns kommt er aus der Zukunft auf uns zu und fließt durch die Gegenwart hindurch hin zur Vergangenheit. Dies wird der „Pfeil der Zeit" genannt, womit ausgedrückt werden soll, dass er in eine Richtung geht.

Neben der offiziellen Zeit gibt es auch das, was wir *persönliche* Zeit nennen. Vom subjektiven Standpunkt aus wird Zeit als ein elastisches Phänomen erfahren: Eine Minute beim Zahnarzt erscheint uns länger als eine Minute bei einem aufregenden Film. Unsere persönliche Zeiterfahrung ist keine lineare Zeitachse, sondern sehr elastisch. Sie gleicht eher einer wirbelnden Masse, in der Erinnerungen gespeichert sind, die jeden Augenblick an die Oberfläche kommen können. Eine Erinnerung aus dem Gedächtnis abzurufen, ist in Wirklichkeit eine imaginäre Zeitreise. Unser Verstand kann dem „Jetzt" entfliehen, indem er an morgen oder gestern denkt. Das gleiche Prinzip gilt für den Raum: Wir sind immer hier, aber wir können daran denken, woanders zu sein. Wir können geistig durch Raum und Zeit reisen, selbst wenn wir unseren Stuhl nicht verlassen – nur mit Hilfe unserer Erinnerung und unserer Vorstellung. Unser Gedächtnis ist wie eine Bibliothek, in der wir nach Belieben bestimmte Erinnerungen aufgreifen oder verschwinden lassen können, und für den Rest sorgt unsere Vorstellungskraft.

Es gibt auch Augenblicke, in denen wir anscheinend *jenseits* der Zeit leben, auch wenn wir dies nicht logisch erklären können, weil wir wissen, dass die offizielle Zeit in der Zwischenzeit weitergeht. Während der so genannten Augenblicke „reinen Seins" entschlüpfen wir dem Strom der Zeit anscheinend vorübergehend. In solchen transzendenten Momenten existiert nur Gewahrsein, nur „bewusster Raum". So wie jedes Bild eines Films „jetzt" erscheint, so scheint auch unser Gedankenstrom durch den Tunnel des „Jetzt" zu gehen. In jenen zeitlosen Augenblicken, in denen wir „unsere wahre Natur sehen", wird es plötzlich kristallklar, dass Konzepte wie „gestern" oder „morgen" Erfindungen unseres Verstandes sind. Alles geschieht jetzt: Sogar die Gedanken über unsere eigene Geburt oder unseren eigenen Tod sind jetzt. Das lässt sich sogar rational verstehen: Genauso wie niemand dem „Hier" entfliehen kann, so kann auch niemand dem „Jetzt" entfliehen. Sogar wenn wir über den vergangenen Monat nachdenken, existiert dieser Gedanke immer noch „jetzt". Es gibt einfach keine andere Zeit außer der Gegenwart, keinen anderen Moment als diesen Moment. Natürlich können wir Pläne für das Morgen schmieden und Absichten für die Zukunft hegen, doch unsere Aufmerksamkeit befindet sich in der Gegenwart.

KÖNNEN WIR UNSERE GEDANKEN LENKEN?

Wenn das Selbst erkannt wird,
verschwinden alle Täuschungen.
Der Schleier fällt
und du siehst klar.

ASHTAVAKRA GITA

Trotz allem, was wir in den vorhergehenden Kapiteln entdeckt haben, werden sich die meisten Sucher immer noch fragen: „Kann ich wirklich nichts tun, um die Wirklichkeit zu *erfahren*, um die unbegrenzte Essenz zu kosten?" Wir alle möchten diese Essenz spüren und begreifen gleichzeitig, dass es nicht möglich ist, Es zu spüren. Wir können Es nicht „fassen" und gleichzeitig kann Es uns auch nicht verlassen. Selbst wenn wir Es ignorieren und Ihm den Rücken zuwenden, ist Es uns näher als unser nächster Atemzug. Was müssen wir tun, um diese bedingungslose Liebe zu „spüren", von der einige Lehrer sprechen? Wie können wir in Kontakt mit dieser Universellen Energie kommen?

Die Schwierigkeit im Hinblick auf diese Fragen liegt nicht in der Antwort, sondern in der Frage selbst. Warum wollen wir wissen? Wer will etwas erreichen? Die Frage „Was müssen wir jetzt tun?" ist eine typische Frage, die aus dem zeitlich bedingten Denken entsteht. Sie kommt aus dem Ich, das an die Zeit und Kausalität glaubt. Unser „Ich" erhofft sich Befreiung in der Zukunft. Unsere Persönlichkeit hofft, für ihr gutes Verhalten belohnt zu werden. Man kann nur sagen: Wir tun, was wir tun, und erhalten das, was wir erhalten. Niemand weiß genau, ob beides miteinander zusammenhängt. Mit anderen Worten: Das, was wir sehen, bekommen wir.

Meistens wird unser Leben von Zielen und Erwartungen bestimmt. Wir müssen Probleme mit unserer Gesundheit und mit unserer Umwelt bewältigen und mit unseren Mitmenschen zurechtkommen. Wir planen, dies oder jenes zu besitzen, eine bestimmte Situation oder Person zu verändern, dies oder jenes zu werden und so weiter. Wir akzeptieren das, was richtig ist, und vermeiden das, was falsch ist, oder versuchen es zumindest. Wir haben zuvor bereits ausgeführt, dass all dies nur dadurch möglich ist, weil wir an die allgemein akzeptierte Theorie glauben, wir hätten die Wahl, Gutes zu tun und Schlechtes zu vermeiden. Wir glauben mit anderen Worten, wir würden selbst entscheiden, was in unserem Geist auftaucht. Wir glauben, wir entscheiden selbst, was in einer bestimmten Situation zu tun ist. Aber können wir unsere Gedanken wirklich steuern? Wenn dem so wäre, warum wählen wir dann nicht immer angenehme und positive Gedanken? Angenommen, wir können unsere Gedanken *nicht* bestimmen, dann sind wir sogleich mit dem nächsten Problem konfrontiert: Sind wir für das verantwortlich, was wir tun? Oder werden wir nur gelebt, indem wir auf eine Reihe von Konditionierungen reagieren, die auf biologischen Strukuren basieren (beispielsweise auf unserem genetischen Code, den Reflexen unseres Nervensystems, dem Erinnerungsvermögen), auf den Naturgesetzen (den Mechanismen unseres Immunsystems, dem Fortpflanzungstrieb und dem Überlebensinstinkt) und gesellschaftlichem/kulturbedingtem Verhalten (beispielsweise den Spielregeln der Erziehung und den Sitten der Gesellschaft, in der wir leben)?

Vielleicht ist der Witz der, dass wir *glauben* sollen, wir könnten wirklich selbstständig entscheiden. Mit anderen Worten: Es gibt nur eine *scheinbare* Wahl. Wie zuvor bereits gesagt, ist das Konzept, ein Handelnder und jemand, der sich entscheidet, zu sein, nur ein vorübergehendes Bild. Jede Vorstellung, die wir von uns haben, ist auch nur ein Teil des Lebensspiels. Wenn wir dieses Spiel durchschauen, erkennen wir vielleicht nach und nach, dass das Leben ohnehin seinen Weg geht, ungeachtet unserer Persönlichkeiten, die meinen, ihre eigenen Pläne zu schmieden. Mit dieser Erkenntnis beginnen wir zu akzeptieren, dass wir unser Leben wie zuvor leben können. Letztlich spielt die Frage des freien Willens oder der Vorherbestimmung keine Rolle mehr.

KLARES SEHEN

> *Denn jeder, der bittet,*
> *der empfängt,*
> *und wer anklopft,*
> *dem wird aufgetan.*
>
> JESUS

Wir wollen auf das zurückkommen, worum es in diesem Buch geht: die Wiederentdeckung der „Essenz unseres Seins" durch klare Beobachtung. Das Folgende mag wie eine Wiederholung von bereits Gesagtem erscheinen. Diese Wiederholungen sollen uns immer wieder als neue Wegweiser zu Dem dienen, was kein Objekt ist, sie wollen uns von unseren alten mentalen Programmen befreien. Die Überlegungen dieses Buches sind sozusagen Gegenmittel für alle Glaubenssätze und Konzepte, die wir uns im Laufe unserer Entwicklung angeeignet haben.

Wir haben gesagt, in solchen Augenblicken „reinen Seins" fühlen wir uns nicht mehr durch unseren Körper begrenzt oder in unserer Haut eingeschlossen: Wir (wer?) sind offener Raum. Und in diesem Raum existiert keine Distanz zwischen dem „Ich" und dem, was wir sehen, kein Schnittpunkt von „Ich" und „Nicht-Ich". Wir gehen gleichsam in der unmittelbaren Umgebung auf. Wenn wir diese Unbegrenztheit entdecken, fühlen wir uns wohl in einem „endlosen Raum", in dem die Zukunft unbekannt ist.

Dieser Raum ist unendlich und unbegrenzt und wir können ihn unsere spirituelle Essenz nennen. Dieses reine Bewusstsein ist nicht unser Selbstbild; unser Selbstbild ist die Rolle, die wir spielen. Wenn wir meinen, diese Rolle zu sein, sind wir verletzlich: Unsere gesellschaftliche Maske verlangt nach Anerkennung, sie möchte ihr Leben im Griff haben und fürchtet sich vor Leid und Tod. Aber wenn wir uns nicht mit einer Person identifizieren, nicht mit unseren Hoffnungen oder Ängsten, können wir uns überall zuhause fühlen. Letztendlich gibt es keine Person, die erleuchtet wird, und niemanden, der erwacht. Niemanden. Niemals. Wer wir wirklich sind, war immer wach. Und unsere Gedanken über all das sind tatsächlich nicht von großer Bedeutung.

Einige Lehrer sagen, unsere Fähigkeit, „klar zu sehen" hänge davon ab, wie sehr wir den Erscheinungen erlauben, sich natürlich im Gewahrsein zu entfalten. Unser Bedürfnis, den wahrgenommenen Phänomenen immer noch Gedanken hinzuzufügen, stellt wie gesagt ein entscheidendes Hindernis dar: Wir neigen dazu, die Phänomene sogleich zu beschreiben und über sie nachzudenken. „Klar zu sehen" ist tatsächlich ein ständiges Zulassen des unkontrollierbaren (und chaotischen) Aspekts des Lebens. Dieses Sehen ist keine Übung mit einem bestimmten Ziel; es geht einfach darum, bei dem zu bleiben, was hier und jetzt geschieht. Es geht darum, offen dafür zu sein, wie sich uns die Welt zeigt: Wir lassen das Leben mit offenen Armen herein. Die Erkenntnis unserer wahren Natur garantiert nicht, dass all unsere (persönlichen) Probleme gelöst werden. Auch wenn sich uns das wahre Wesen unseres Seins offenbart hat, kann uns das Leben immer noch Freude und Leid bescheren. Jeden Tag hält es neue Überraschungen für uns bereit.

Wie wunderbar ist es, schließlich zu erkennen, dass alles Gute und Schlechte in diesem Einssein perfekt ausgewogen ist. Ja, da es nur in unserem Verstand Gut und Schlecht gibt, erkennen wir irgendwann, dass die Einteilung in gute Menschen und schlechte Menschen nur ein Spiel im Wachtraum ist. Doch solange wir an den Wachtraum glauben, müssen wir akzeptieren, dass die Guten und die Bösen sich immer die Waage halten werden. Das ist das Gesetz des universellen Gleichgewichts: Es gibt keinen Nordpol ohne Südpol. Eine Seite kann nicht ohne ihr Gegenteil existieren, und die Koexistenz beider gleicht sich am Schluss bestens aus. Wenn uns die Widersprüche und scheinbaren Ungerechtigkeiten in dieser Welt also verwirren, können wir einfach daran denken, dass sich alle entgegengesetzten Polaritäten in der Mitte begegnen, um sich gegenseitig auszugleichen. Deshalb sollten wir nicht zu rasch urteilen und sogar „den Schlechten" dankbar dafür sein, dass sie dazu beitragen, dass das Gleichgewicht gewahrt bleibt.

Diese Vorstellung, dass „das Schlechte das Gute ausgleicht" bezieht sich nicht nur auf die „wirklichen" Bösewichte, die im Fernsehen gezeigt werden (die Drogenhändler, Serienmörder, Terroristen, Diktatoren), sondern auch auf die „schlechten" Handlungen durchschnittlicher Menschen wie du und ich. Es trifft auch zu, wenn wir unser eigenes Verhalten (oder das anderer Menschen) beurteilen wollen: wenn wir wütend auf unseren Partner sind, ungeduldig beim Verkehrsstau werden, eifersüchtig, untreu, illoyal, ehebrecherisch, gierig und so weiter sind. Auch hier gleicht „Schwarz" „Weiß" aus. Wie erleichternd zu sehen, dass all unser Handeln – sei es schwarz oder weiß – in vollkommenem Gleichgewicht geschieht! Eine Batterie kann niemals nur einen positiven Pol besitzen: Positiver *und* negativer Pol sind erforderlich. Es führt einfach kein Weg daran vorbei, egal wie schwer das für den urteilenden Verstand ist. Wenn wir einsehen, dass Positiv und Negativ zwei Seiten einer Energie sind, hören wir automatisch auf, unsere Kommentare abzugeben. Warum sollten wir Kommentare zum Besten geben, wenn alles so ist, wie es ist? Was ist der Sinn? Was ist das Ziel von Beurteilung? Wenn wir die begrenzte Sicht unserer persönlichen Welt (Sichtweise X) in die rechte Perspektive rücken, erkennen wir, dass nichts verändert werden muss. Das bedeutet nicht, dass wir alles und jeden lieben müssen oder dass alles vollkommen ist. Man sieht einfach nur, dass das Bewusstsein es genau so gestaltet hat, wie es sein soll. Alles, was wir wahrnehmen, ist so, *wie es ist.*

HABEN WIR EINE WAHL?

Für mich hat nichts jemals existiert,
alles ist nur ein Gedanke,
der sich ausgedehnt hat.

H.W.L. POONJA

Wenn wir uns mit der dritten Person (Sichtweise X) identifizieren, mit der Hauptfigur des Films, dann scheint der so genannte Wachtraum durchaus völlig real zu sein: Wir identifizieren uns mit unseren Gedanken und lassen uns von den Ängsten und Wünschen, die auftauchen, überwältigen. Wenn wir uns völlig mit der Hauptfigur des Films identifizieren, „vergessen" wir das Ursprüngliche Gesicht und reduzieren uns selbst auf einen Muskel- und Knochensack, der von einem Verstand gesteuert wird. In unserem Kopf erschaffen wir einen Denkenden und Entscheidenden und glauben folglich, wir hätten die Wahl, das zu tun, was wir tun möchten. Unser Verstand erschafft nicht nur einen kleinen inneren Denker, sondern auch mithilfe unserer Sinne und der Vorstellung eine virtuelle Realität um uns herum. Dieser so genannte Wachtraum, diese Hypnosesitzung, erscheint in so hohem Ausmaß real, dass der Wachträumer nicht merkt, dass er nur eine Rolle im Traum spielt. Wenn wir uns mit unserer Persönlichkeit und ihren Zuneigungen und Abneigungen sowie ihrem Bedürfnis nach Kontrolle identifizieren, sind wir in ein starres mentales Korsett eingeschnürt. Und dann fragen wir uns, warum das Leben so und nicht anders läuft. Das Ego möchte die verborgene Absicht erfahren, die hinter all dem steckt.

Aber steckt hinter unserem Leben wirklich ein verborgener Plan? Das Ego darf seine Rolle spielen, doch es wird nun wie eine Figur in einem Film betrachtet. Einige spirituelle Leher sagen, der Schauspieler spiele nur seine Rolle, die vom Bewusstsein entworfen sei. Aber der Schauspieler will gleichzeitig auch Regisseur des Films sein. Unser Verstand möchte wissen, was passieren wird und warum die Dinge so und nicht anders sind. Die kleine innere Stimme möchte sagen können: „Ich habe es gemacht und fühle mich dafür schuldig" oder „Ich habe mich entschieden, das zu tun" oder „Ich werde diesem spirituellen Weg folgen." Aber können wir das wirklich wissen? Und können wir wirklich selber entscheiden oder *bilden wir uns dies nur ein?*

Dieses ganze Ding, eine Persönlichkeit mit freiem Willen zu sein, ist wie ein Kartenhaus aus aufeinandergebauten Konzepten. Wenn wir einmal erkennen, dass diese Persönlichkeit selbst auch ein Konzept ist, stürzt das ganze Kartenhaus zusammen. Wenn wir jedoch akzeptieren, dass es keinen Steuermann in unserem Kopf gibt und keinen Fühlenden der Emotionen in unserer Brust, können wir immer noch so tun, als hätten wir eine Persönlichkeit mit Gedanken und Gefühlen und einem freien Willen. Das erinnert mich an den österreichischen Philosophen Ludwig Wittgenstein (1889 – 1951), der sich vorstellt, wie ein fallendes Blatt im Herbstwind zu sich sagt: „Jetzt werde ich hierhin fliegen und jetzt dahin."

Wir können nur „vorgeben", eine Entscheidung treffen oder nach Belieben handeln zu können; das Fazit ist immer dassel-

be, nämlich dass der Schauspieler nur nach seinen Konditionierungen handeln kann, entsprechend den Reaktionen des Körper-Verstand-Mechanismus in den gegebenen Umständen. Wir
sind also einerseits völlig frei und andererseits völlig programmiert. Was bedeutet, dass es letztlich nicht wirklich eine Rolle
spielt. Wir sehen irgendwann, dass diese ganze Frage des freien
Willens oder der Vorherbestimmung nicht so wichtig ist (höch-
stens für unser kleines „Ich"). Wenn wir uns mit unserem Ego
identifizieren, machen wir uns vor, wir wären eine Person, die
scheinbar einen freien Willen hat. Im Grunde glauben wir, wir
hätten die Möglichkeit zu freien Entscheidungen, und daran ist
nichts falsch. Diese Ansicht ist vom praktischen Standpunkt aus
sogar recht interessant. Aber in diesem Buch geht es nicht darum, wie wir unser Leben praktisch organisieren, sondern es geht
um Erwachen, um das Erwachen aus unserem Wachtraum.
Damit dieses Erwachen geschehen kann, dürfen wir die praktischen Konsequenzen unserer Entdeckungen erst mal unbeach-
tet lassen. Wenn wir behaupten, wir hätten keine Persönlichkeit, klingt das vielleicht lächerlich, da das Gros aller Erwachsenen sich schließlich für eine Persönlichkeit hält und entsprechend lebt. Wer sagt, er habe keine Persönlichkeit, erntet dafür
keine Anerkennung; er wird eher von seinem Arzt die
Krankheitsdiagnose der Depersonalisation bekommen. Den
meisten Psychiatern ist das Thema dieses Buches nicht vertraut
und sie sehen daher solche „Geschichten spiritueller Einblicke"
als Zeichen ernstlicher Geistesgestörtheit, besonders wenn die
Personen nicht mit den Folgen in ihrem täglichen Leben zurechtkommen. Trotzdem haben wir alle das Gefühl, durchaus
eine Persönlichkeit zu sein, unabhängig von dem, was wir bei
den Bewusstseinsexperimenten in diesem Buch entdeckt haben.
Diese Persönlichkeit behauptet, einen freien Willen zu haben,
und deshalb ist es für unseren konditionierten Verstand schwierig anzunehmen, dass wir *gelebt werden*, dass alles ohnehin

geschieht. Wir brauchen uns tatsächlich gar keinen Steuermann in unserem Hirn vorzustellen; vielleicht ist unser Verstand einfach so beschaffen, dass er nach diesem Muster funktioniert. Chuck Hillig sagt:

> Wenn jegliche Trennung eine Illusion ist, dann ist das Reden über ein illusorisches Ich, das einen „freien Willen" hat, genauso nutzlos, als würden wir über die wahrscheinliche Wassertemperatur einer Wasserspiegelung in der Wüste diskutieren. Genauso wie es keinen wirklichen See draußen gibt, der eine Wassertemperatur haben könnte, gibt es auch kein wirkliches „getrenntes Ich", das einen so genannten „freien Willen" haben (oder nicht haben) könnte. (27)

Wenn die Einsicht klaren Sehens immer vorherrschender wird, erkennen wir die Unendlichkeit in allen Erscheinungsformen und der Wunsch, sich mit einer bestimmten Person zu identifizeren, verschwindet völlig und ohne Anstrengung, außer es ist rein praktisch gesehen sinnvoll. Es gibt also keine Identifikation mit dem Hauptdarsteller, keine Identifikation mit dem Kameramann, keine Identifikation mit dem Regisseur und keine Identifikation mit dem Film. Wenn wir nach Hause kommen, existiert keine Person mehr, die auf irgendetwas einen Anspruch erheben könnte.

SCHWARZ UND WEISS

Alle in der Welt können nur deshalb das Schöne als schön erkennen, weil es auch Hässliches gibt.
Alle können Gutes als gut erkennen,
weil es Böses gibt.

TAO TE KING

Niemand zu Hause

Es gibt also nichts Gutes in unserem Denken ohne das Schlechte, doch die meisten Menschen erkennen nicht, wie weitreichend die Konsequenzen dieses Gesetzes sind. Wir wollen es daher näher untersuchen. Es gibt ein geheimnisvolles Gesetz des Gleichgewichts, das besagt: Je „weißer" unser Leben ist, desto mehr fällt uns das „Schwarze" auf. Warum sollten wir also unser Leben verbessern? Jedes „Hoch" hat sein entsprechendes „Tief" und jede Linke eine Rechte. Vielleicht glauben wir, wir müssten unsere schlechten Gewohnheiten überwinden oder wir sollten friedlicher werden, aber das ist nicht die hundertprozentige Wahrheit. Ein so genanntes Paradies, eine vollkommene Welt, in der es nur Weiß ohne Schwarz gäbe, wäre rasch sehr langweilig. Weiß wäre die einzige Farbe in jenem Paradies und würde seine Bedeutung deshalb völlig verlieren. Mit anderen Worten, alles „Gute" verliert an Bedeutung, weil es sich nicht mehr abhebt. Es ist so, als würde man mit weißer Tinte auf weißes Papier schreiben. Wenn wir in so einem Paradies lebten, würde unser Verstand eine solche perfekte Welt (Utopia) nicht einmal erkennen.

Auch wenn es ein Klischee ist: Jede Münze hat zwei Seiten. Es hängt alles von der Perspektive ab. Was sind die praktischen Konsequenzen, wenn wir einsehen, dass Schwarz und Weiß sich immer die Waage halten? Das Wichtigste ist, dass es keinen Sinn macht, die so genannten dunklen Seiten zu bekämpfen – weder in unserem eigenen Leben noch im Leben anderer Menschen oder im Leben des Planeten. Seng-ts'an sagte: „Wenn du die schlichte Wahrheit hören willst, kümmere dich nicht um Richtig und Falsch. Das Für und Wider von Richtig und Falsch ist die Krankheit des Verstands."

Also: Alles ist genau so, wie es sein soll. Können wir das erkennen? Kann der urteilende Verstand es akzeptieren? Wie erleichternd wäre es, wenn wir damit aufhören könnten, all unsere Energie in Urteile, Hoffnungen und Widerstände zu stecken. Es ist einfach sinnlos, die weißen Luftballons aufblasen zu wollen und die schwarzen unter den Teppich zu kehren. Wenn wir das Gesetz des Gleichgewichts im Sinn behalten, wissen wir, dass die Schattenaspekte des Lebens – die Seiten, die wir loswerden wollen – früher oder später wie ein Bumerang zurückkommen. Es ist so, als würden wir versuchen, einen Korb nur mit perfekten Äpfeln zu bekommen, indem wir die schlechten in die Luft werfen. Für so einen Korb ausschließlich guter Äpfel erschaffen wir die Illusion, „für eine bessere Welt zu arbeiten" oder „für ein schöneres Leben zu arbeiten", aber so funktioniert es nicht. Gut und Schlecht sind nicht Eigenschaften einer Person oder eines Objekts *an sich*, sondern Konzepte unseres Verstands und als solche besitzen sie keine Wirklichkeit. Die schlechten Äpfel fallen also immer wieder auf den Boden zurück, egal wie hoch wir sie in die Luft geworfen haben. So wirkt die Schwerkraft. Das Gleichgewicht ist immer da, ob wir es sehen oder nicht.

Chuck Hillig sagt: „Liebt ein Dichter seine ‚Bösewichte' letztlich nicht genauso wie seine „Helden?" (28). Es gibt so viele Dinge im Leben, die einfach ungerecht erscheinen, und wir haben das Gefühl, wir müssten uns dafür einsetzen, selbst wenn wir erkennen, dass all das nur ein Wachtraum ist. Wenn wir dieses Gefühl haben, dann soll auch es so sein. Dann sehen wir eben dem Film eines Schauspielers zu, der für eine bessere Welt arbeitet. Doch ist es eine Illusion zu meinen, wir könnten wirklich das Szenario des Wachtraums verändern. Es ist eine Illusion zu hoffen, wir könnten ein Weiß ohne ein (manchmal verborgenes) Schwarz schaffen. Wir können es auch so sehen: Die weißen Aspekte erhalten ihre Bedeutung dadurch, dass sie vom schwarzen Kontrast umgeben sind. Insofern müssen wir den dunklen Farben dankbar sein (!), dass sie ihre Aufgabe erfüllen. Wir sollten sie besser in Ruhe lassen, obwohl der urteilende Verstand – die kleine innere Stimme – diese Idee nie schätzen wird. Die innere Stimme wird sagen, es sei gefährlich zu behaupten, es gäbe kein Richtig ohne Falsch. Das klingt so, als sollten wir ohne jegliche ethischen Maßstäbe leben.

Viele Suchende glauben, dass Menschen, die tatsächlich nach der Einsicht „es gibt kein Gut ohne Schlecht" leben, irgendwann unsozial oder sogar grausam werden könnten. Sie werden die Philosophie, es sei nutzlos, das Böse auf diesem Planeten zu bekämpfen, als gefährlich kritisieren. Denn wo würde das hinführen? Doch die Menschen, die wirklich verstehen, was diese „Rückkehr nach Hause" bedeutet, scheinen nicht zu Serienmördern zu werden. Die meisten Menschen verhalten sich genauso wie vor dem Verstehen, und wenn wir uns daran erinnern, was wir bei den Bewusstseinsexperimenten entdeckt haben – dass es nur *ein* Bewusstsein gibt, das uns alle verbindet – merken wir sofort, dass die Entdeckung dieses Gesetzes von Schwarz und Weiß keine direkte Gefahr darstellt. Die meisten Menschen hören nicht auf, anderen zu helfen, eher im Gegenteil, obwohl es natürlich keine festen Regeln gibt.

KLARES SEHEN ALS QUELLE DES MITGEFÜHLS

Die Menschen von der Vorstellung zu befreien,
sie würden leiden, ist das größte Mitgefühl. (29)

TONY PARSONS

Die meisten Sucher, die irgendwann verstehen, dass Bewusstsein eine Einheit ist, aus der nichts ausgeschlossen ist, berichten, dass sie ein Mitgefühl für „andere" Menschen empfinden, das sie nie zuvor so erfahren haben. Das widerspricht dem, was viele Leute glauben, insofern als keineswegs Gleichgültigkeit gegenüber anderen herrscht. Um dies zu verstehen, müssen wir zu den

Erkenntnissen zurückkehren, zu denen wir zuvor in diesem Buch gekommen sind. Wenn wir die Bewusstseinsexperimente aus diesem Buch machen, lehrt uns dies, dass wir im Grunde *alle dasselbe sind*. Unsere körperlichen und geistigen Eigenschaften unterscheiden sich vielleicht von denen „anderer", doch unsere Essenz – waches Bewusstsein – ist ein und dieselbe, egal welcher Religion oder Rasse oder Nationalität wir angehören. Die Erkenntnis, dass wir trotz der Unterschiede vom Bewusstsein her gesehen alle gleich sind, führt uns zum Kern buddhistischer Weisheit: dem Mitgefühl unseren Mitmenschen gegenüber. Sobald wir erkennen, dass die Quelle des Lichts nicht-dual ist, wissen wir auch, dass jegliches Überlegenheitsgefühl (oder auch Minderwertigkeitsgefühl) völlig lächerlich ist. Wir haben keinen Grund, uns auf irgendeiner Ebene überlegen zu fühlen, sei es materiell oder spirituell. Dieses Verstehen kann wie gesagt zu einer völligen Akzeptanz dessen führen, was ist. Dieses göttliche Gleichgewicht ist immer da, obwohl es nicht immer leicht ist, es im täglichen Leben zu sehen.

Es ist wahr, dass das Gleichgewicht von Gut und Böse schwer akzeptierbar ist, vor allem wenn wir die Nachrichten am Fernsehen sehen. Es könnte den Anschein erwecken, als ob uns alles egal ist. Wir haben alle die Gewohnheit, bestimmte Verhaltensweisen als richtig oder falsch einzustufen. Obwohl wir erkennen können, dass unsere Meinungen relativ sind (jemand anders hat vielleicht eine andere Ansicht zum selben Thema), nehmen wir unsere Meinungen ernst, solange wir an die Sichtweise X glauben. Auch wenn wir zugeben müssen, dass diese Bilder von „Gut" und „Schlecht" nur Konzepte unseres Verstands sind, finden wir es dennoch schwer anzunehmen, dass letztendlich alles im vollkommenen Gleichgewicht ist, selbst wenn wir wissen, dass Vorstellungen und Meinungen die Einfachheit und Neutralität dieser leeren Leinwand niemals berühren können.

Wer dies in Klarheit erkennt, weiß, dass wir uns letztlich über einen Wachtraum streiten. Was soll das ohnehin? Wenn wir einen Film im Kino sehen, sagen wir, dass der Bösewicht auch in Wirklichkeit schlecht und der Gute auch in Wirklichkeit gut ist? Beide sind einfach Schauspieler, die dafür bezahlt werden, ihre Rolle zu spielen, das ist alles. Sie tun nur, was Bewusstsein ihnen eingibt zu tun. Wer sind wir, dass wir sie beurteilen können? Das Licht, das unseren Film sichtbar macht, kümmert sich nicht darum, ob jemand den Guten oder den Schlechten spielt. Dem Bewusstsein ist es gleich. Es bevorzugt keine romantischen Filme oder Horrorfilme. Bewusstsein ist tatsächlich nur der letztliche Zeuge allen Geschehens, ohne dass es urteilt oder plant. Beurteilt das Licht im Kino das Verhalten der Schauspieler? Dieses Licht, dieser letztliche Zeuge, ist eine Art leerer Ruhe, die alles zulässt, was ist. Es bezeugt Schmerz und Freude, Gelassenheit und Anspannung, ohne etwas zu bevorzugen oder zu kommentieren. Und jenes Bezeugen ist das, was wir wirklich sind: völlig unveränderlich, still und ruhig, alles zulassend. Es gibt einfach keine Pläne in diesem Zeugen, keine Überlegung, was richtig oder falsch ist oder wer der Gute und wer der Böse ist. Das Mitgefühl, das sich aus diesem Verstehen ergibt, ist völlig bedingungslos.

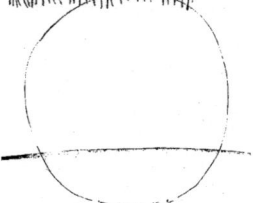

6 KANN MAN DIESES SEHEN ÜBEN?

Du brauchst nichts erwerben,
um dies zu verwirklichen.
Du brauchst nur die Glaubenssätze
subtrahieren,
die dein Leben als diese strahlende Gegenwart
verdecken, als die Liebe selbst …
Sie ist dir unmittelbar zugänglich,
sogar wenn du diese Worte liest. (30)

CATHERINE INGRAM

DIE VERMEIDUNG DER LEERE

Wenn eine Zwiebel immer weiter geschält wird,
wird jede Schicht entfernt und nichts bleibt übrig.
Genauso ist es, wenn wir das Ego analysieren –
wir stellen fest, dass es keine Substanz hat.

RAMAKRISHNA

Gewöhnlich glauben wir, dass unser Verstand irgendwo im Kopf sitzt, getrennt von der Welt. Die meisten von uns wähnen sich irgendwo innerhalb dieser Vorstellung des Verstands. Wir haben uns ein eigenes Bild der Wirklichkeit geschaffen und haben uns ganz natürlich in den Mittelpunkt dieses Bildes gestellt. So haben wir uns einfach mitten in ein eingebildetes Gefängnis eingeschlossen. In unserer Vorstellung dreht sich die ganze von uns konstruierte Welt um einen zentralen Punkt, das Zentrum unserer Wahrnehmung. Wir glauben, das Zentrum unserer visuellen Erfahrung befinde sich irgendwo mitten im Kopf. Also meinen wir, wir befänden uns irgendwo hinter den Augen. Wir stellen uns vor, wir wären ein Geist, der im Kopf lebt und die Welt durch zwei Fenster namens Augen betrachtet. An dieser Stelle unseres Bildes lokalisieren wir uns quasi von selbst. Da sich das Gehirn auch mitten im Kopf befindet, irgendwo hinter unseren Augen, vermutet man, Bewusstsein befände sich irgendwo im Gehirn. Aber bei genauerer Überprüfung können wir in unserem Kopf keinen „zentralen Behälter" finden. Bewusstsein ist der Behälter unserer Welt, aber das bedeutet nicht, dass Bewusstsein im Gehirn enthalten ist (das Bewusstsein, über das wir hier sprechen, ist viel größer als das Bewusstsein, auf das sich die Mediziner beziehen: Letzteres ist nur ein bestimmter Teil von ihm).

In den Experimenten entdeckten wir, was viele Suchende bereits in der Meditation oder transzendenten Erfahrungen erlebt haben: Wir sind nicht auf diesen Körper-Verstand-Mechanismus begrenzt. Wir erfahren möglicherweise, dass wir in Wirklichkeit bewusster Raum sind, unendlich, grenzenlos und offen für *das, was ist*. Wir erkennen also eine „größere" Version des Ich: Neben dem kleinen Ich (der Vorstellung, ein Körper zu sein) gibt es auch ein „größeres Ich", das der Zeuge allen Geschehens ist, ein Subjekt, das immer bereit ist, mit Objekten gefüllt zu werden. Jene unter uns, die das klare Gewahrsein erfahren haben, können bestätigen, dass sich Bewusstsein nicht in unserem Kopf befindet. Es ist nicht irgendwo verborgen, sondern es ist *überall*. Daher sprechen die Mystiker davon, dass es nur Ein Bewusstsein gibt. Auf der Ebene der Sinne haben wir natürlich alle unser persönliches Bewusstsein, weil wir alle einen individuellen und einzigartigen Film sehen. Doch das Bewusstsein, das all das bezeugt, ist nicht persönlich, sondern unendlich. Dieses unendliche Bewusstsein ist in seiner absoluten Totalität immer voll gegenwärtig, genau hier und genau jetzt – sogar wenn wir Es nicht als solches erkennen.

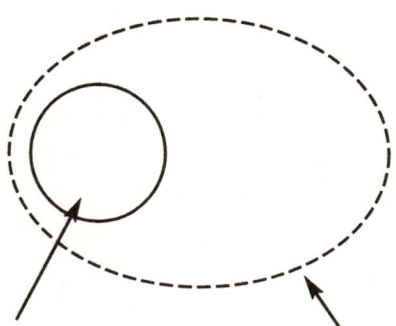

Vorstellung eines
persönlichen Bewusstseins

unendliches Bewusstsein

Das, was wir im Moment erfahren, ist also bereits ein Ausdruck des Unendlichen! Egal was alles in unserem Film zu passieren scheint, die grundlegende Wahrheit dahinter ist die Leinwand, auf der alle Stücke Gestalt annehmen. Sie ist gleichsam Eine große Leinwand, auf der Milliarden Filme gleichzeitig ablaufen.

Obwohl es klar ist, dass so ein „großes" Bewusstsein alldurchdringend und allumfassend sein muss, behagt einigen Menschen diese Erkenntnis nicht unbedingt. Die Einsicht, dass wir zwar getrennte Körper und individuelle Sinne, doch gleichzeitig Ein Bewusstsein haben, ist so, als würde die Glühbirne die Elektrizität entdecken. Es relativiert unsere persönliche Wichtigkeit und den meisten westlichen Philosophen widerstrebt das sehr. Deshalb wird diese nicht-dualistische Sicht niemals sehr populär sein. Und die meisten Sucher, sei es im Osten oder im Westen, hängen sehr an ihrem Ich. Einige Menschen möchten diese Leere gar nicht erfahren, weil ihre Egos Angst vor der Auflösung haben. Diese Angst vor der Leere (beispielsweise wenn man ein Bewusstseinsexperiment ausprobiert), wird sofort unterdrückt. Die Menschen vermeiden ihr aufsteigendes Unbehagen, sobald es sich meldet. Diese Angst vor dem Unbekannten fühlt sich vielleicht wie Sterben an. Doch stirbt in Wirklichkeit nichts, nur Namen und Vorstellungen kommen und gehen. Wer diese Erkenntnis hat, wird bestätigen, dass es in Wirklichkeit keine Persönlichkeit gibt, die stirbt, weil die Persönlichkeit nur eine Vorstellung ist. Das, was bleibt, ist diese universelle Energie, dieses stets strahlende Licht.

BEFREIUNG IST KEIN HANDEL

Die Erkenntnis der grundlegenden essentiellen
Natur der Wirklichkeit ist die Quelle unserer
größten Zufriedenheit
und tiefsten Erfüllung. (31)

METTA ZETTY

Was sollen wir also nun unternehmen? Das Entscheidende bei unserer Suche nach der endgültigen und allumfassenden Wahrheit besteht darin, sie zu erkennen und nicht etwas zu unternehmen. Es heißt, wir sind bereits das, wonach wir suchen. Daher gibt es nichts zu tun und nichts auszuschließen. Befreiung oder „Erwachen" ist nicht die Erlangung von etwas Neuem, nicht die Entdeckung eines höheren Bewusstseinszustands, sondern einfach das Erwachen zu dem, was wir sind. Es geht also nicht darum, uns zu verändern: Der Schauspieler kann weiter seine Rolle spielen wie zuvor. Es ist einfach die Wiederentdeckung der eigentlichen Wahrheit dessen, was ist: Wir meinen, ein Schauspieler zu sein, doch wir vergessen, dass unser größeres ICH Licht ist. Der Schauspieler ist nur eins der Bilder, die auf der Leinwand erscheinen.

In dieser Erkenntnis sehen wir einfach jede Person als Ausdehnung von Bewusstsein und heißen das, was ist, so wie es ist, willkommen. Kein Urteil, kein Abstempeln, keine Meinung darüber und keine Vorliebe für „dies" oder „jenes". Wenn wir unseren inneren Dialog stoppen und aufhören, alle unsere Wahrnehmungen zu katalogisieren, erkennen wir, dass dies ganze Benennen eine Abstraktion ist. Was macht es für einen Sinn, eine Wahrnehmung zu beschreiben, außer zum Zweck der Kommunikation? Wenn wir das Wort „Buch" sagen, ist es dasselbe wie das Buch, das wir gerade in unseren Händen halten? Kommt der Klang dieses Wortes „Buch" der Wirklichkeit nahe? Oder das, was unsere Finger fühlen? Ist das, was wir lesen, die letzte Wirklichkeit? Irgendwann sehen wir, dass all unsere Erfahrungen subjektiv sind. Und wir erkennen, dass wir mit unserem eigenen Verstand unsere eigene kleine Welt schaffen und dass die Vorstellung einer objektiven äußeren Welt auf Übereinkunft beruht, aber nicht auf Wahrnehmung. Natürlich hat unser Verstand aus praktischen Gründen mithilfe von Sprache und Symbolen „eine wirkliche Welt" geschaffen, aber das ändert nichts an der Tatsache, dass unsere Wahrnehmungen von unserem eigenen Körper-Verstand-Mechanismus gefärbt sind. Und selbst dieser Körper-Verstand-Mechanismus ist Teil des Spiels. Vorstellungen und Konzepte existieren nur in unserem Verstand: Wir können sie niemals konkret mit dem Finger berühren. Auch die äußere Welt wird aus diesem Grund als Vorstellung oder Illusion bezeichnet. Sie ist insofern eine Traumwelt, eine virtuelle Realität, als dass sie ständig erschaffen und zerstört wird. Das ist die Magie des Wachtraums, in dem wir vermeintlich leben. Tony Parsons schreibt:

> Die Lebensgeschichte, die sich anscheinend ereignet hat, ist genau und einzigartig zugeschnitten für jedes Erwachen. Alles ist genau so, wie es sein sollte, genau jetzt. Nicht weil es das Potential für etwas Besseres darstellt, sondern einfach weil alles, was existiert, Ausdruck des Göttlichen ist. (32)

Diese göttliche Manifestation drückt sich durch einen scheinbar persönlichen Wachtraum aus. Dieser „persönliche" Wachtraum bedarf einer weißen Leinwand, eines leeren Raums, und dieser Raum ist *nicht* persönlich. Unsere Lebensgeschichte scheint sich in einem unpersönlichen Raum abzuspielen. Alle Erscheinungen [all diese Illusionen des Wachtraums] tauchen auf und vergehen in jenem Raum, der Sich Selbst nicht verändert. Es sieht aus wie ein ewiger Kreislauf von Schöpfung und Zerstörung. Alles, was erscheint, muss sich verändern und wieder vergehen. Solange wir an das Konzept der Zeit glauben, wird dieses Rad niemals aufhören, sich zu drehen. (33)

UNSER NATÜRLICHER ZUSTAND

Alle Bemühungen, uns vom Ego zu befreien,
verstärken nur unsere Identifikation mit ihm. (34)

NATHAN GILL

Wir haben über „klares Gewahrsein" und die „transparente Sichtweise" gesprochen, aber worum geht es bei all dem? Auch wenn diese Rückschau in unser reines Bewusstsein eine neue Sichtweise sein mag, bildete sie das Herzstück jedes Erwachens, das in der mystischen Literatur bezeugt wurde. Sie ist das, was man den „natürlichen Zustand" genannt hat, der direkt erfahren und verwirklicht werden kann, sobald wir aufhören, auf die vorüberziehenden Wolken zu achten, und uns vom direkten Sonnenlicht erleuchten lassen. Wir erkennen irgendwann, dass das, was wir wirklich sind, wie der blaue Himmel ist, durch den die Wolken hindurchziehen. Das bedeutet nicht, dass wir uns als blauen Himmel ansehen oder uns unser Zentrum als weiße Leinwand vorstellen sollen. Der leere Himmel oder die weiße Leinwand sind Metaphern für unsere Transparenz, für unsere Leere. Was wir wirklich im Kern sind, ist nicht ein blauer Himmel oder eine Filmleinwand als innerer Zustand oder als eine spezielle Empfindung. Es ist das Licht, das unseren Film sichtbar macht, und als solches ist es völlig jenseits von Worten oder Gedanken.

Auch wenn die Betrachtungen dieses Buches dazu bestimmt sind, uns bei der Wiederentdeckung jener Quelle des Lichts zu helfen, die den Bildern unseres Lebens zugrunde liegt, werden wir dennoch feststellen, dass „Verwirklichung" nicht durch persönliche Bemühung eintritt, dass sich die Entdeckung unserer wahren Natur nicht unmittelbar durch Kontemplation oder Glauben vollzieht. Es wird sich später noch mehr abzeichnen, dass Befreiung nicht das Ergebnis unserer persönlichen Bemühungen, unser Leben spiritueller zu machen, sein kann, sondern etwas, das geschieht, wenn wir es zulassen. Wenn wir dem sich ständig wandelnden Fluss mentaler Bilder zusehen, kann es passieren, dass wir von Dem absorbiert werden, was sieht. In dieser so genannten transparenten Sichtweise existiert kein Standpunkt zu irgendetwas mehr, es ist vielmehr ein Zustand frei von allem Urteil. Ein Sehen ohne Glauben, in dem die Dinge einfach so sind, wie sie sind. Sobald unser Geist polarisiert und sagt: „Ich glaube, so ist dies oder jenes", erscheint automatisch auch das Gegenteil davon und erhält Wirklichkeit. Wenn wir unsere Sinne transzendieren, können wir erkennen, dass die ganze Manifestation, alles Positive und Negative, aus Gewahrsein entsteht, aus dieser einen Quelle. Die Weisen und Mystiker sagen, dass wir dann die Dualität transzendiert haben; nichts bleibt, außer Gewahrsein. Wenn wir allerdings denken „Ich bin Gewahrsein", indem wir vom denkenden Ich her mithilfe konzeptuellen Wissens die Transparenz verstehen möchten, so ist das eine Falle. Wir versuchen, mit dem Denken einen Ausweg aus diesem Problem zu finden, doch Erfahren ist nicht Denken. Unsere wahre Natur ist kein Objekt, sie ist nicht etwas, was mit den fünf Sinnen wahrgenommen werden oder was man durch übernatürliche Fähigkeiten bekommen kann. Deshalb können wir dieses Gewahrsein niemals in diesem Buch finden: Worte werden nie ausreichen, um diese Offenheit zu beschreiben.

DIE EWIGE EINLADUNG

Lass Subjekt und Objekt so eins sein,
dass der Wind nicht zwischen ihnen hindurch findet.

WU-MEN

Die zeitlosen Augenblicke „reinen Seins" können sich während der Meditation oder eines Wahrnehmungsexperiments ereignen, aber sie können sich auch ohne eine besondere Übung einstellen. Mit der Zeit wird man immer unabhängiger von Techniken und hat zunehmend Erkenntnismomente in alltäglichen Situationen. Aber wir erwarten die Einladung immer im Außergewöhnlichen anstatt im Gewöhnlichen. Wir möchten alle das Unendliche in einer Gipfelerfahrung der Glückseligkeit serviert bekommen. Doch wenn das unendliche Bewusstsein allumfassend ist, muss es genauso im Ärger und in der Angst zugänglich sein. Wir alle möchten die Einheit in der Stille der Meditation oder in der Schönheit des Sonnenuntergangs erkennen, doch sie muss auch in Schmerz, Langeweile, Stress und Problemen gegenwärtig sein.

Auch wenn die Erfahrung dieses Raums jederzeit und in jeder Situation möglich ist, scheint sich eher ein Zugang zum Bereich reinen Gewahrseins zu öffnen, wenn wir nicht von der Betriebsamkeit unserer täglichen Aktivitäten gestört werden, vor allem zu Beginn. Wenn wir uns in der Natur befinden, können wir beispielsweise das harmonische Wechselspiel aller Elemente und Lebenskräfte spüren. In einem Wald, an einem Fluss in den Bergen, am Meeresstrand oder angesichts des nächtlichen Sternenhimmels können wir die mühelose Leichtigkeit und sorglose Harmonie der Natur wahrnehmen. So eine direkte Verbindung mit der Harmonie der Natur kann unser eigenes unpersönliches Sein enthüllen. Eine weitere Möglichkeit, die

Harmonie der Naturkräfte zu entdecken, liegt in der sexuellen Energie, denn diese Kraft ist ein reichhaltiger Ausdruck der unpersönlichen Schöpfungsenergie selbst. Wir werden darauf in späteren Kapiteln noch zurückkommen.

In diesem Sein, das in den Naturkräften zum Ausdruck kommt, liegt der Keim zur Erkenntnis unseres natürlichen Zustands. Es sind Augenblicke, in denen man ohne Denken, Planen oder Vergleichen handelt. Alle Glaubenssätze werden relativiert. Man lebt ohne Ziele und ohne Erwartungen. Entscheidungen werden ohne die Einmischung eines vermeintlichen Handelnden oder Denkenden getroffen, vergleichbar der Automatikschaltung bei einem Auto. Mit anderen Worten: Alles scheint spontan und natürlich zu geschehen, und das Erstaunliche daran ist, dass wir es gar nicht merken! Der kleine Denker in unserem Kopf, der ständig Kommentare abgibt, ist unmerklich verschwunden. Tony Parsons schreibt:

> Wenn ich weiß, wer ich bin, entdecke ich, dass ich nicht Existenz bin, sondern die Gegenwärtigkeit, welche Existenz ermöglicht ... Es ist das offene Geheimnis, das sich in jedem Bereich unseres Lebens offenbart. Keine Bemühung, kein Läuterungsweg, kein Prozess oder irgendeine Lehre kann uns dahin führen. (35)

Sobald wir die Transparenz entdeckt haben, können wir überall Gegenwärtigkeit zulassen und alle Bücher (einschließlich dieses Buches) und alle Meditationstechniken (einschließlich der Experimente darin) werden überflüssig. Diese Augenblicke „einfach zu sein" können sich einstellen, während wir im Wald spazieren gehen, in ein Feuer schauen, die Wolken am Himmel bewundern, im Meer schwimmen, tanzen, uns lieben, auf der Autobahn fahren, ein Glas Wein genießen oder völlig in ein Kunstwerk versunken sind.

Wenn wir Kunst betrachten, die auf das Höchste verweist und die das Unendliche in uns offenbart, raubt es uns förmlich den Atem. Wir erinnern uns ganz von selbst wieder daran, dass die Wirklichkeit größer sein muss, als wir dachten. Es ist nicht so, dass wir in eine andere Dimension gehen, vielmehr werden wir von Dem absorbiert, was „jenseits aller Dimensionen liegt". Einige Kunstwerke – sei es ein Gemälde, eine Skulptur, ein Gedicht, ein Musikstück oder was auch immer – können uns über all unsere Vorstellungen, die wir von der Welt haben, hinaus heben. Sie transportieren uns *über uns selbst hinaus*. Solche Kunstwerke verweisen auf einen überpersönlichen Raum, in dem das Ursprüngliche Gesicht in Seinem vollen Glanz erstrahlt. In einem kurzen Moment werden wir mit dem Tiefsten konfrontiert, was wir überhaupt fühlen können, mit dem Höchsten, was wir uns vorstellen können: Wir transzendieren uns selbst und erhalten einen Geschmack unseres Urgrunds. Das ist Kunst in einer ihrer ursprünglichsten und höchsten Bedeutungen: Sie wirkt wie ein Katalysator, der unsere wahre Identität zum Vorschein bringt. All diese Werke sind tatsächlich Wegweiser zum Bild-losen und können die Erkenntnis unserer unendlichen Natur fördern.

Einige Kunstwerke spiegeln die tiefsten Sehnsüchte des menschlichen Herzens nach dem Unendlichen auf sehr spezielle Weise. Sie feiern die bedingungslose Liebe und wecken sowohl den heftigen Schmerz als auch die Ekstase der Sehnsucht nach unserem Geburtsrecht. Sie können eine direkte Einladung dazu sein, den unendlichen Aspekt unserer Existenz erneut zu entdecken. Sowohl zeitgenössische Werke der abstrakten Kunst – wie Kasimir Malewitsch (36), Barnett Newman (37), Mark Rothko (38), Yves Klein (39), Ad Reinhardt (40), Anish Kapoor (41) – als auch alte hinduistische und buddhistische Yantras, abstrakte Meditationsbilder aus der tantrischen Tradition (42), sind zuweilen wie Spiegel, die die verzweifelte Suche nach unserem innersten Selbst spiegeln. Ihr Flüstern kann sehr eindringlich sein, da es den Wunsch reflektiert, unsere menschlichen Konditionierungen hinter uns zu lassen. All diese „Spiegel" können Pfeile sein, die zu den tiefsten Schichten unserer unendlichen Natur vordringen und schweigend eine Verbundenheit mit dem wahren Zentrum fördern. Sie können unsere Sehnsucht anspornen, nach Hause zu kommen.

LAUSCHEN AUF DIE STILLE

Erst so ihr trinket
aus dem Flusse des Schweigens,
werdet ihr wahrhaft singen. *(43)*

KAHLIL GIBRAN

Wir sagten, dass jede Aktivität eine Gelegenheit sein kann, um Gegenwärtigkeit zuzulassen; es gelten also keine Regeln oder Einschränkungen für die Situation, in der wir unsere wahre Natur erfahren können. Jeder ist bereit für Befreiung. Sie ist nicht Menschen vorbehalten, die sich in einem bestimmten Zustand befinden. Konzeptloses Sein ist von nichts abhängig. Befreiung beschränkt sich nicht auf bestimmte Menschen oder Situationen. Insofern ist der Ansatz dieses Buches demokratisch: Niemand ist davon ausgeschlossen, Befreiung ist jederzeit zugänglich. Sie ist also kein „Liebhaberstück". Es geht mehr darum, loszulassen als zu erlangen. Unsere unbegrenzte Natur kann sich in jeder Situation offenbaren. Jeder unserer Sinne kann ein „Werkzeug" sein, um Es wieder zu entdecken, sei es Sehen, Berühren, Hören und so weiter. In diesem Kapitel werden wir über das Hören sprechen. Wenn wir zum Beispiel Musik hören, können wir uns fragen, wo der Ton ist. Vielleicht können wir erkennen, dass der Ton im Gewahrsein erklingt, so wie sich andere Sinneseindrücke im selben Gewahrsein abspielen. Wir bemerken vielleicht, wie der Ton auf beiden Seiten an eine empfängliche Stille grenzt. Das ist die bewusste Stille, die es uns erlaubt, einen bestimmten Ton zu hören. Und wenn dieser Ton vergeht, „hören" wir die Stille genau da, wo der Ton war. Wenn wir dieser Stille „lauschen", können wir wahrnehmen, dass die Stille nicht nur *in* diesem Gewahrsein ist, vielmehr *ist* sie dieses Gewahrsein. Gewahrsein und Stille sind miteinander verbunden, sie sind eins. Wenn wir unser ichbezogenes Denken völlig loslassen, kollabiert unser Verständnis von Zeit und Raum und wir erfahren eine Stille, aus der das ganze Universum hervorgeht. Diese reine Stille ist ohne Teile, alles entsteht aus ihr und vergeht wieder in ihr. Sie ist klares, unbegrenztes Bewusstsein, das, woraus wir bestehen.

Wenn wir ein kleines entferntes Geräusch wie das Lied eines Vogels oder einen Automotor auf der Straße hören, bemerken wir, dass auch diese Klänge aus jener Stille auftauchen und wieder in sie „zurückfallen". Dieses stille Gewahrsein ermöglicht es, dass wir diese Klänge hören können. Das Lauschen auf diese Stille wird manchmal das „wirkliche Hören" genannt. Das trifft auch zu, wenn wir völlig in Musik vertieft sind. Wenn wir die Klänge, die wir erwarten, nicht vorwegnehmen, lassen wir die Musik einfach fließen. Dann ist unser Ich abwesend und wir werden eins mit dem Hören: Wir „werden" förmlich zu Musik. Tatsächlich hören wir die Musik nicht mit unseren Ohren, sondern scheinen sie mit unserem ganzen Körper zu fühlen; die Vorstellung, uns mit unserem Körper zu identifizieren, löst sich auf … Das Gefühl, zu hören, existiert nicht mehr; es ist so, als gäbe es keinen Schnittpunkt mehr zwischen unserem „Ich" und der Musik, der wir lauschen. Die Musik geht völlig durch uns hindurch, sie *tritt an unsere Stelle*. Plötzlich erkennen wir, dass wir nicht *in* jenem Körper-Verstand-Mechanismus stecken, der von weitem eine bestimmte Musik hört. Plötzlich ist da keine Trennung mehr: Wir erkennen, dass die Musik nicht *für* uns ertönt, sie ertönt *in* uns. Wenn wir zum Beispiel Klaviermusik hören, erkennen wir (danach), dass es keinen Zuhörenden gab. Das berichten auch die Musiker selbst. Viele Musiker, vor allem Jazzmusiker, berichten, dass sie sich wirklich völlig unerwartet selbst verlieren. Wenn die Identifikation mit dem Körper-Verstand-Mechanismus abfällt, erkennen wir, dass Musik die ursprüngliche Wahrheit ist; erst die relative Wahrheit ist: „ich und das Klavier". Wie ein Zen-Meister es ausdrückte: „Als ich den Klang des Glockenläutens hörte, war kein Ich da und keine Glocke, nur das Läuten." Es gibt nicht hier eine Person, die hört, und dort die Musik. Kein Innen und kein Außen, kein Subjekt und kein Objekt – nur die unmittelbare Erfahrung selbst.

WIE WEIT MÜSSEN WIR SUCHEN?

Viele haben nach dem Licht und der Wahrheit gesucht,
doch nur draußen, wo sie nicht sind.
Schließlich entfernen sie sich so weit,
dass sie niemals zurückkehren,
um den Weg nach innen zu finden.
Die Wahrheit haben sie auch nicht gefunden,
denn die Wahrheit ist ihr Urgrund und ist nicht außen.

MEISTER ECKHART

Wenn wir das Aroma reinen Bewusstseins einmal geschmeckt haben, ist uns klar, worum es in diesem Buch geht. Eine kurze Erfahrung Dessen hat mehr Wirkung als alle Worte in diesem Buch. Doch wenn die Transzendenzerfahrung vorüber ist, sind wir vielleicht enttäuscht. Wir haben das Gefühl, als hätten wir sie verloren. Für viele Sucher scheinen Sichtweise X (der gesunde Menschenverstand) und Sichtweise Y (überall das Unendliche zu sehen) einander abzuwechseln. Manche von uns stellen es sich wie eine Art Ebbe und Flut vor, bei der wir uns zuweilen unserer wahren Natur bewusst sind und sie zuweilen übersehen. Zu Anfang hat es tatsächlich diesen Anschein und viele Sucher gehen dieser Vorstellung in die Falle. Sie denken, sie hätten die Quelle verloren und tun alles, um sie wiederzuerlangen. Dabei erkennen sie nicht, dass die Quelle genau hier ist, sie ist uns näher als unser Atem und näher als unser Verstand. Wenn wir wirklich hier schauen (wie in den visuellen Experimenten), stellen wir fest, dass dieses Gewahrsein *nie* verschwindet, weil es jenseits unserer Zeitvorstellung ist. Wenn Gewahrsein erfahren wird, entdecken wir, dass sich das, wonach wir suchen, niemals entfernen kann. Es kann nicht weggehen, weil es überall ist. Dieses reine Bewusstsein ist immer gegenwärtig, egal ob wir meinen, wir würden es erfahren oder nicht. Die Sonne scheint auch, wenn der Himmel bedeckt ist.

Da die meisten von uns nicht das Gefühl haben, wir hätten wirklich unsere wahre Natur gefunden, stellen sich die folgenden Fragen: Was hindert uns daran, diese ursprüngliche Essenz durchgehend wahrzunehmen? Welche Wolken befinden sich vor der strahlenden Sonne? Welche Glaubenssätze müssen entfernt werden, damit wir dieses Feld des Bewusstseins erfahren? Warum können wir unsere „getönten Brillen" nicht abnehmen? Wie kommt es, dass wir Das, was immer da ist, nicht sehen können? Wie können wir jemals *nicht* das sein, was wir *sind*? Wenn wir erkennen, dass das Unendliche niemals verschwinden kann, begreifen wir, dass es *nichts* gibt, was uns davon abhalten kann, Es zu sehen.

In der mystischen Literatur lesen wir von Menschen, die zu einem größeren, weiteren und tiefen Verstehen der grundlegenden Natur der Wirklichkeit „erwacht" sind. Menschen, die eine „klare Einsicht" in die Essenz menschlichen Daseins gehabt haben, sind wirklich eine Quelle der Inspiration für andere. Sie möchten diese Essenz mit uns teilen und uns zu unserer eigenen Erkenntnis und Verwirklichung führen. Wahre Befreiung ist ihnen zufolge jedem zugänglich, der es riskiert, danach zu suchen. Aber sie betonen auch, dass die Befreiung nur dann eintritt, wenn unsere Sichtweise so weit ist, dass sie Harmonie und Widerspruch, Profanes und Spirituelles, Augenscheinliches und Paradoxes gleichzeitig umfassen kann. Die Fähigkeiten des Verstandes müssen hinterfragt und jeder persönliche Ehrgeiz muss losgelassen werden. Wir müssen also unsere „getönten Gläser" abnehmen und einfach „sehen". Doch es scheint nicht ganz so einfach zu sein. Die religiösen und spirituellen Texte behaupten oft, wahre Befreiung sei nur bestimmten Menschen zugänglich und nach diesem Erwachen würden wir alle menschlichen Unzulänglichkeiten hinter uns gelassen haben und in einem quasi göttlichen Zustand sein, in dem sich alle Probleme auflösen. Oft heißt es, dass nur Heilige, Weise oder Avatare die Vollkommenheit besitzen, um die Wahrheit zu sehen. All diese Erzählungen sind nicht gerade ermutigend für einen durchschnittlichen Sucher. Da unsere menschlichen Schwächen uns täglich daran erinnern, wie weit wir von der Vollkommenheit entfernt sind, müssen wir daraus folgern, dass dieses Erwachen nicht für normale Menschen wie dich und mich in Frage kommt. Es klingt sehr danach, als müssten wir noch einen langen Weg gehen, bevor wir diesen Zustand der Vollkommenheit erreichen können. Auf der Suche nach der Essenz unserer menschlichen Existenz sind viele so genannte spirituelle Sucher für gewöhnlich an Wachstum und Verbesserung interessiert. Sie hoffen, sich spirituell weiterzuentwickeln, indem sie die richtigen Bücher lesen, die richtigen Übungen machen oder nach den Regeln einer bestimmten Tradition leben. Die Frage stellt sich: Ist das wirklich notwendig? Müssen wir wirklich längere Zeit meditieren, um unsere wahre Natur zu finden? Müssen wir beten, um bereit zu werden für eine höhere spirituelle Ebene? Müssen wir unser Leben einem Heiligen oder einer heiligen Schrift weihen, um würdig zu werden? Ist es notwendig, ein besserer Mensch zu werden, um inneren Frieden zu finden? Ist es logisch zu meinen, Befreiung sei nur für diejenigen, die sich nach den Regeln einer bestimmten Tradition verhalten, wenn wir wisssen, dass das, wonach wir suchen, universell ist? Wie kann ein Sucher besser als ein anderer sein, wenn die Wahrheit, die wir suchen, doch allumfassend ist? Wie kann eine Sache wertvoll sein und eine andere nicht? Wie kann irgendjemand ausgeschlossen sein, wenn sich unsere Suche auf die Nicht-Dualität bezieht?

Es ist wichtig, solche Fragen zu beantworten, wenn wir dieser Erforschung wirklich auf den Grund gehen wollen. Wie erleichternd wäre es, wenn wir erkennen würden, dass wir hier und jetzt okay sind und dass kein Anlass dazu besteht, uns zu verbessern, dass wir keiner Therapie oder Disziplin bedürfen, um unsere innere Quelle der Erfüllung zu finden, dass wir keine Heiligen oder Mystiker werden müssen, um dieses reine Bewusstsein zu erfahren. Tony Parsons ist für seine Kompromisslosigkeit in diesem Punkt bekannt (44). Er schreibt:

Lehren, Techniken und Stufenwege, die Erleuchtung anstreben, verschärfen nur das Problem, das sie lösen möchten, wenn sie die Vorstellung untermauern, das Selbst könne irgendetwas finden, was es meint, verloren zu haben. Es ist genau dieses Bemühen, diese Investition in die eigene Identität, das ständig die Illusion einer Trennung vom Einssein aufrechterhält. Dies ist der Schleier, den wir für wirklich halten. Es ist der Traum von Individualität. (45)

Die grundlegende Botschaft der meisten Religionen lautet, dass etwas an der Welt und an den Menschen, die in ihr leben, falsch ist. Einige tun so, als wüssten sie, was falsch ist und wie man es ändern sollte. Das Problem mit einem spirtuellen Weg ist, dass er in uns den Eindruck auslösen kann, „wir wären noch nicht angekommen". Er besagt, wir müssten einen bestimmten Pfad gehen, bevor wir die verheißene Erlösung erlangen. Der Gipfel scheint so weit entfernt zu sein und man erwartet harte Arbeit von uns, um ihn zu erreichen. Das Problem mit Land-karten und Grundrissen liegt in ihrer Forderung, wir müssten einen bestimmten Weg zurücklegen. Die Falle spiritueller Or-ganisationen besteht darin, uns glauben zu machen, wir wären weit von unserem Ziel entfernt und *sie* würden die Regeln für uns festsetzen, wie wir dorthin gelangen. Und natürlich sind sie die einzigen, die den geheimen Weg zum Gipfel kennen.

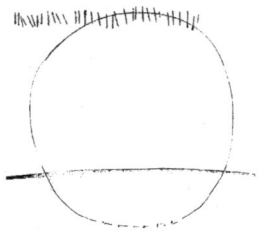

Niemand zu Hause

7 EINE NEUE PERSPEKTIVE

Beende alle Verzögerungen, jegliches Suchen und Streben.
Lege deine Konzepte, Vorstellungen und Glaubenssätze ab.
Sei einen Moment lang still und begegne direkt dem stillen, unbekannten Kern deines Wesens.
In jenem Moment wird dich die Freiheit umarmen
und das Erwachen offenbaren, das du bist.
(46)

ADYASHANTI *DAS LIEBESLIED DER WELLE*

AN DEN OZEAN

Wenn ich „*alles-was-Ist*" bin,
dann bin ich *Alles*
und *Überall.* (47)

CHUCK HILLIG

Eine Sache ist es, unsere wahre Natur zu erfahren, doch wir
denken vielleicht immer noch, es bedürfe einer besonderen
Achtsamkeit, uns unserer wahren Natur während unserer täglichen Aktivitäten bewusst zu sein. Wie wir bereits sagten, kann
die Entdeckung unserer Transparenz innerhalb einer Sekunde
passieren, doch jeden Tag aus dieser Transparenz heraus zu leben, kann wiederholte Aufmerksamkeit erfordern. Dabei geht
es nicht darum, etwas Neues zu erfahren, sondern einfach die
mentalen oder emotionalen Gewohnheiten aufzudecken, welche die Transparenz überschatten. Unser Nervensystem ist so
mit all den Glaubenssätzen überfrachtet, die es Schicht für
Schicht angesammelt hat, wie ein Computer, der von alten Programmen und irrelevanten Daten in seiner Funktion beeinträchtigt ist. All diese mentalen Konstrukte bedecken die grundlegende Transparenz, die in Wirklichkeit nie verschwindet. Die
Betrachtungen dieses Buches können interessante Katalysatoren sein, diese alten Programme zu löschen.

All das klingt jedoch immer noch so, als würden wir irgendwann *in Zukunft* einen höheren Zustand erreichen. Wie wäre es,
wenn wir das reine Bewusstsein *im gegenwärtigen Moment* erkennen könnten? Genau in diesem Moment, da wir diese Worte
lesen. Wie würde sich das Leben entfalten, wenn wir reines
Bewusstsein als Hintergrund für alles Existierende zulassen
würden? Wenn wir davon ausgehen, dass der gegenwärtige
Augenblick unendlich ist, wenn wir uns vergegenwärtigen, dass

Niemand zu Hause

alles, was wir durch unseren Verstand und unsere Sinne erfahren können, nur ein begrenzter Teil dessen ist, wer wir sind – wie würde das unsere Sichtweise der Welt beeinflussen? Wie wäre es, wenn wir uns all das nicht vorstellen würden, nein, wenn es wirklich wäre? Wie würde das unser Identitätsgefühl verändern? Wenn wir uns vergegenwärtigen, dass die so genannte Wirklichkeit Eine Einheit ist, wie würde sich so ein Verstehen auf unsere Lebensweise auswirken? Wie würde diese Erkenntnis der Einheit die Art und Weise unseres mitmenschlichen Umgangs beeinflussen? Wenn wir sehen, dass alle Menschen Anteil an diesem Einen Bewusstsein haben, wie würde das unser Verhalten ändern? Wie würde sich das Erkennen der bewussten Stille auf unseren Umgang mit den Problemen der heutigen Gesellschaft auswirken? Sich dieser Offenheit bewusst zu sein, kann ein phantastischer Ansatz dazu sein, unser Leben reibungslos und natürlich zu leben. Je mehr sich der Verstand diesem Gewahrsein ergibt, desto mehr erwachen wir zu der Fülle unseres wahren Seins. Da wir bereits mit dieser Einheit vertraut sind und die Transparenz in uns schon einmal „gekostet" haben, lassen wir die Bilder auf unserer Leinwand so lange erscheinen und verschwinden, bis sich der Hintergrund spontan offenbart. Diese Verlagerung der Wahrnehmung kann eine Schau enthüllen, die bereits existiert, doch einfach noch nicht erkannt wurde. Letztendlich gibt es also nichts zu gewinnen und nichts zu verlieren: Alles geschieht einfach automatisch. Tony Parsons sagt:

> Der Traum, den wir leben, verfolgt absolut kein anderes Ziel, als aus ihm zu erwachen. Jenes Erwachen vollzieht sich jenseits des Traumes, jenseits von Zeit und völlig jenseits individueller Anstrengung, jenseits eines Pfades, eines Prozesses oder eines Glaubens. (48)

Am Anfang mag es wie ein Kampf aussehen, bei dem wir abwechselnd unser „reines Sein" und dann wieder die Identifikation mit der Persönlichkeit erfahren. Unser Leben scheint ein Balanceakt zwischen Transparenz und Befreiung, zwischen Offenheit und Kontraktion, zwischen der Sichtweise der Ersten Person und der dritten Person zu sein. Viele Lehrer behaupten, wir könnten uns je nach Ausrichtung unserer Aufmerksamkeit auf unsere Persönlichkeit und ihr Leben konzentrieren oder uns von der „unpersönlichen Dimension" erfüllen lassen. Im ersten Fall identifizieren wir uns mit unserem Körper und unserem Verstand und leben als Person in der Welt. Wenn wir glauben, wir würden das Unendliche in und um uns herum nicht mehr sehen, ziehen wir uns auf die getrennte Person zurück. Wir identifizieren uns mit dieser Illusion, die von den Grenzen unseres Körpers bestimmt ist, und glauben, wir seien auf diese Person beschränkt, die hier sitzt und dieses Buch liest. Wir bringen also unser begrenztes Ichgefühl wieder ins Spiel. In der zweiten Variante sehen wir den Traum der Person, für die wir uns gehalten haben, und erkennen das Bewusstsein, das den Hintergrund unseres Lebens darstellt. Wir merken, dass es eine universelle Energie ist, die alles durchdringt und alles umfasst.

Anstatt zu meinen, wir lebten in der Welt, sehen wir (oder besser: wird gesehen), dass die Welt *in uns* geschieht. Wir erkennen, mit anderen Worten, dass unser Leben im Bewusstsein erscheint. Wenn wir all unsere Glaubenssätze in die rechte Perspektive rücken, „ent-hüllen" wir das Gewahrsein, und der Schatz, der jenseits von Zeit und Raum ist, wird offenbar. Auf der Ebene einer solchen transparenten Schau sind wir unbegrenzt, ungebunden, ungeboren und todlos. Trotzdem haben wir vielleicht das Gefühl, immer wieder dem Glauben zu verfallen, wir wären voneinander getrennte Wesen und eins der sechs Milliarden Exemplare der menschlichen Spezies auf Erden. Wie können wir dieses Gefühl der Trennung mit jener Erkenntnis der Unendlichkeit in Übereinstimmung bringen? Angeblich sind wir menschliche Wesen, doch was bedeuten diese Worte wirklich? „Menschlich" steht für unser Gefühl der Abgetrenntheit, „Wesen" für das Gefühl der Einheit. Ersteres meint unsere Persönlichkeit, letzteres ist unser Zentrum des Einsseins; beide sind zwei Seiten einer Wirklichkeit, so wie die Welle und der Ozean beide Ausdrucksformen des Elements Wasser sind. Wir sind, mit anderen Worten, alle verschieden, was die Ausdrucksform des Bewusstseins betrifft, aber Bewusstsein selbst ist Eins. Insofern gibt es sowohl Verschiedenheit als auch Gleichheit. Dasselbe Konzept lässt sich in einigen japanischen Zen-Gärten wiedererkennen (49). In ihnen wird der menschliche Aspekt durch die Steine (das vertikale Element) repräsentiert und der Aspekt des Seins durch den Sand (das horizontale Element). Der menschliche Aspekt gründet sich auf das Gefühl der Getrenntheit (Sichtweise X), der Aspekt des Seins bezieht sich auf unser Gefühl unendlichen Gewahrseins (Sichtweise Y). So wie Wellen und Ozean eine Einheit sind, sind auch die Steine und der Sand Symbole einer universellen Energie: Die Steine sind – wie die Sandburgen am Sandstrand – *Erweiterungen* des Sandes. Die Steine und der Sand scheinen also getrennt zu sein, doch sie sind von der Essenz her eins.

Wenn wir diese beiden Möglichkeiten im Sinn behalten, erkennen wir, dass wir Erweiterungen derselben universellen Energie sind und insofern verschleierte Unendlichkeit. Wir sehen, dass wir Welle und Ozean, Form und Formlosigkeit gleichzeitig sind. Wir sind nicht nur irgendeine Welle im Ozean, unsere Essenz ist der Ozean selbst. Das nennen wir das Liebeslied der Welle an den Ozean, den Wechselgesang von Individualität und Universalität.

Die Illusion der Wahrnehmung

Du bist die tiefe Inwendigkeit der Dinge,
das letzte Wort, das sich sagen lässt.
Jedem von uns zeigst du dich anders:
Dem Schiff bist du die Küste, dem Ufer bist du Schiff.

Rumi

Wir haben vorhin herausgefunden: Wenn wir dieses Buch in unseren Händen halten, können wir nicht sagen, ob wir wirklich das Papier fühlen oder nur merken, was in unseren Fingerspitzen passiert. Vom medizinischen Standpunkt aus werden Reize von den Rezeptoren unserer Haut zum zentralen Nervensystem übertragen und wandern vom Rückenmark bis zum Gehirn. Ein bestimmter elektrischer Impuls löst eine chemische Reaktion in den Nervenzellen der Hirnrinde aus, die wiederum einer bestimmten Empfindung unserer Fingerkuppe beim Berühren der Buchseite entspricht.

Wir sehen Objekte und Personen, weil wir uns im Geist ein mentales Bild von ihnen aufbauen – so funktioniert unser Nervensystem nun einmal. Wenn wir ein Objekt sehen, hängt jenes mentale Bild in unserem Geist von der Position unserer Augen zu jenem Objekt ab; außerdem wird es davon bestimmt, wie unser Verstand all diese Impulse zu einem bestimmten Bild zusammenfügt. Zusätzlich wird dieses mentale Bild noch von den Erfahrungen der Vergangenheit mit bestimmt und es wird mit Erfahrungen der Gegenwart verglichen und auch von unseren Erwartungen und Glaubenssätzen gefärbt. Immanuel Kant sagte: „Äußere Dinge, das heißt Materie, sind in all ihren Anordnungen und Veränderungen nichts als bloße Erscheinungen, also Repräsentationen der uns bewussten Wirklichkeit in uns."

Niemand zu Hause

Die so genannte wirkliche Welt (der Planet, auf dem wir alle zu leben glauben, all die Kontinente und Ozeane, all diese Menschen, die darauf leben) wird zuweilen als Täuschung und Wachtraum bezeichnet, weil sie unabhängig von unserem Geist kein eigenständiges Wesen besitzt. Wenn wir diese Illusion, die Hypnose dieses Wachtraums erkennen, ist es so, als würden wir mitten in der Nacht von einem Traum erwachen: Solange wir an den Traum glauben, erscheint er uns wirklich. Das ist der Zaubertrick unseres Geistes: Wir kreieren eine Welt um uns und in dem Maße, in dem wir an sie glauben, ist jeder ihrer Aspekte auch wahr. Wir erschaffen mit anderen Worten unsere eigene (virtuelle) Realität, egal ob es sich um Autos, Häuser oder unseren Körper und seine Wünsche handelt. Wir können alles, was wir wollen, erschaffen (und wieder zerstören). Alles, woran wir glauben, seien es Seelen, Geister oder vergangene Leben, hat Wirklichkeitscharakter *für den Einzelnen, der daran glaubt*, und ist ein Produkt des denkenden Geistes. Es sieht wirklich aus, weil es von uns selbst geschaffen wurde, und daran ist nichts verkehrt. So funktioniert unser Denken. Weise und Mystiker sagen zuweilen, die Täuschung unserer Welt zu erkennen, gleiche dem nächtlichen Erwachen aus einem Traum. Wenn wir im Schlaf träumen, sieht alles, was wir im Traum sehen oder fühlen, wirklich aus. All diese Bilder werden vom Geist erschaffen, doch sie können weder nachgewiesen noch gefälscht werden. Auch wenn etwas Unmögliches im Traum passiert, akzeptiert unser Geist es. Der Traum als solcher erlaubt uns mit anderen Worten nicht, an seiner Wirklichkeit zu zweifeln. Genauso wenig können wir die Realität der sogenannten wirklichen Welt unseres Wachzustands anzweifeln. Im Wachtraum selbst sieht alles real aus. Sowohl die Welt des Wachzustands als auch die des Traums sind nur Schöpfungen des Geistes. Angenommen wir fühlen uns in einem Traum durstig, dann kann das imaginäre Trinken imaginären Wassers unseren Durst löschen, doch all das erscheint uns keineswegs imaginär, solange wir nicht erkennen, dass der Traum selbst imaginär ist. Das Gleiche ließe sich von der so genannten realen Welt sagen: Existiert die Welt aus sich selbst heraus? Wird das Universum jemals ohne die Hilfe des denkenden Geistes wahrgenommen? Viele spirituelle Lehrer sagen, wenn wir aus dem Wachtraum erwachen, würden wir die Relativität seiner Existenz erkennen, und wieder können wir uns fragen: „Ist es die äußere Welt, die behauptet, sie sei real, oder sind wir diejenigen, die so tun, als sei sie real?" Das erinnert an die folgende Zen-Geschichte:

> Zwei Zen Mönche stritten sich über eine Fahne.
> Ein Mönch sagte: „Die Fahne bewegt sich."
> Der andere sagte:„Der Wind bewegt sich."
> Der sechste Patriarch kam zufällig vorbei und sagte:
> „Weder der Wind noch die Fahne bewegt sich,
> sondern der Geist ist es, der sich bewegt."

Alles Wissen, aus dem wir die so genannte reale Welt aufbauen, ist tatsächlich nur wirklich, *solange wir wach sind*; sobald wir einschlafen, verschwindet es. Doch selbst jetzt, während wir wach sind und die Worte lesen, ist es dieses Buch, das sagt „Ich bin wirklich" oder sagt das unser Geist? Wir können dieses Buch zwar anschauen, es berühren und darin lesen und trotzdem fragen wir uns vielleicht noch, ob es wirklich real ist ... Alles, was wir „besitzen", sind lediglich Bilder in unserem Geist.

Die bekannte indische Geschichte von der Schlange und dem Seil veranschaulicht dies: Ein Mann geht durch den Wald und denkt plötzlich, er sehe direkt vor sich im Gras eine Schlange liegen. Er ist entsetzt (sein Bruder ist vor sechs Monaten an einem Schlangenbiss gestorben) und will weglaufen, doch er schaut noch einmal hin. Er guckt ganz genau und erkennt, dass die Schlange keine Schlange, sondern ein Seil ist. Ihm wird bewusst, dass er in der künstlichen Welt seiner eigenen Ängste gelebt hat. Was geschieht? Seine Angst löst sich auf – obwohl sich in Wirklichkeit nichts verändert hat, denn das Seil ist immer noch da – und der Mann geht jetzt lächelnd seiner Wege.

SO WIRKLICH WIE EIN FILM

Außer in Gedanken
gibt es keine so genannte unabhängige Welt.

RAMANA MAHARSHI

Aus der Perspektive eines Zuschauers unseres eigenen Lebens ist es so, als säßen wir in einem Kino und schauten den Film „Meine Autobiographie" an. Wenn wir uns des Lichtes in den Bildern auf der Leinwand bewusst sind, erkennen wir, dass die Rolle, die wir spielen, tatsächlich nur eine Rolle ist. Dann können wir sehen, dass unser Film reine Illusion ist – ein Wachtraum, der im Bewusstsein geschieht, eine Abfolge von Bildern, die auf einer leeren Leinwand erscheinen.

Das ist nur der erste Schritt. Wir erkennen auch, dass wir in dem sogenannten Wachtraum nicht das wahrnehmen, was wir wahrnehmen, sondern was unser denkender Geist der Wahrnehmung hinzufügt. Denn der denkende Geist bedient sich, wie gesagt, der Erinnerung, der Vorstellung und der Abstraktion, um eine virtuelle Persönlichkeit zu erschaffen, die in einer virtuellen Welt lebt. Damit bauen wir unser Leben ausgehend von einem persönlichen Wahrnehmenden auf, beeinflusst durch Erziehung, Religion, die Regeln der Gesellschaft, „persönliche" Erfahrungen und so weiter. Im Anschluss daran erschaffen wir eine virtuelle Welt um diese virtuelle Person herum, indem wir uns derselben Mechanismen bedienen (Erinnerung, Vorstellung und Abstraktion). Aber wenn all diese Vorstellungen, Glaubenssätze,

Überzeugungen, Meinungen und so weiter als Konzepte des denkenden Geistes entlarvt werden, erkennen wir, dass uns eigentlich eine viel umfassendere Wahrnehmung der Ereignisse möglich ist. Wenn wir erkennen, dass die Ereignisse des Wachtraums nicht wirklich sind, können wir erkennen, dass auch der *Träumer* eine Illusion ist.

So wie der Träumer eine Figur des Traums ist (während wir schlafen), so ist auch das Tages-„Ich" (die Person, die angeblich auf diesem Planeten herumspaziert) eine mentale Konstruktion. Wir identifizieren uns mit diesem Körper-Geist-Mechanismus, der ständig aus verschiedenen konditionierten Glaubenssätzen heraus reagiert. Und so schaffen wir für uns selbst (und für andere) verschiedenste persönliche Merkmale und Eigenschaften wie Schuld, Egozentrik, Sünde, Heldenmut und so weiter. Wir packen all unsere charakteristischen Eigenschaften zusammen in eine Schachtel und sagen: „So fühle ich mich" und „so denke ich" und „so ähnlich bin ich". Wenn schlussendlich all diese sogenannten Charakteristika in einer Schachtel verstaut sind, sagen wir: „Das bin ich". Aber können wir das wirklich tun? Ist es das, was wir wirklich sind: eine Ansammlung von Gedanken, Gefühlen und Wahrnehmungen? Die Identifikation mit unseren wesentlichen Merkmalen ist in Wirklichkeit selbst nur ein vorübergehendes Bild. Es ist ein Trick unserer Erinnerung, diesem Bild eine scheinbare Dauerhaftigkeit zu verleihen, obwohl es keine permanente Wirklichkeit besitzt.

Der Augenblick, in dem wir den Zeugen wiederfinden, ist ein magischer Augenblick. Dies mag in einer Transzendenzerfahrung geschehen oder wir wachen einfach eines Morgens auf und sagen: „Na klar, es ist doch so offensichtlich!" Dann wird plötzlich „erkannt", dass unsere Persönlichkeit – für die wir uns immer gehalten haben – etwas ist, was sich beobachten lässt! Dies haben wir bereits in früheren Kapiteln entdeckt: Sie ist *eine* „Sache" (*ein* Konzept, *eine* Vorstellung) unter vielen anderen, die wahrgenommen werden können. Sie ist nur ein Bild, das auf der Leinwand vorüberzieht. Wenn wir erkennen, dass das, was wir wirklich sind, das ist, was alle Bilder bezeugt, wird uns bewusst, dass wir nicht auf diesen Körper-Geist-Mechanismus beschränkt sind, der diesen Text jetzt gerade liest. Das wahre Zentrum ist Bewusstsein und nicht unser Selbstbild. Und diese Qualität des Bezeugens war nie abwesend! Ist es nicht erstaunlich zu sehen – wirklich zu sehen –, dass das „Licht", das jetzt durch unsere Augen sieht, dasselbe Licht wie das ist, als wir fünfzehn waren, und dass es dasselbe Licht sein wird, wenn wir fünfzig, siebzig oder neunzig Jahre alt sein werden? Dieses Licht, dieses Bewusstsein ist zeitlos und unveränderlich. Ja, es ist immer da, ob wir es erkennen oder nicht.

EWIGKEIT IST JETZT

Vergangenheit und Zukunft
sind Gedanken in den Köpfen der Schauspieler,
als welche du – Bewusstsein – gerade spielst. (50)

NATHAN GILL

Wenn wir uns mit dem denkenden Geist identifizieren, leben wir durch Erinnerung und Vorwegnahme. Wir sind in unserem eigenen Netz der Zeitlichkeit gefangen und leben in einer Welt der *Vorstellung*, im Bann von Vergangenheit und Zukunft. Warum ist das so? Nun, an die Zeit zu glauben, ist das Lieblingsspiel des Ego. Und was macht die Vergangenheit so anziehend? Einer der Gründe dafür ist, dass die Vergangenheit uns eine Identität gibt, indem wir „zurückschauen" können auf das, was wir erreicht haben. Es bestätigt und stärkt unser normales Ichgefühl. Und die Zukunft? Nun, die Zukunft verspricht uns Befreiung, und auch das ist ein Bild, dem wir hinterhertraben wie der Esel, dem eine Möhre hingehalten wird.

Der denkende Geist hat dieses ganze Konzept linearer Zeit aus praktischen Gründen erschaffen, aber unser Ego nutzt es auch dazu, um sich selbst von seiner Wirklichkeit zu überzeugen. Solange sich unser Ego immer auf das Zeitkonzept bezieht, bewegen wir uns auf dieser imaginären Linie vor und zurück. Wir projizieren uns in die Vergangenheit und in die Zukunft, ohne diesen kostbaren gegenwärtigen Augenblick wahrzunehmen. Wenn wir uns diesem gegenwärtigen Augenblick nähern wollen, merken wir, wie er uns immer wieder entschlüpft. Jeder unserer Sinneseindrücke stammt bereits aus der Vergangenheit, wenn er uns bewusst wird. Irgendwann erkennen wir, dass der gegenwärtige Augenblick außerhalb der Zeit liegt. Wir sehen ein, dass es nicht möglich ist, als Person „im Jetzt zu leben", da die Person ebenfalls ein Konzept ist. Sobald wir im gegenwärtigen Augenblick sind, sind wir verschwunden! Dann bleibt nichts mehr zu sagen; es bleibt nur das gewöhnliche alltägliche Leben, das im zeitlosen Gewahrsein erscheint.

Wir sind tatsächlich nicht imstande, die Dauer einer Sekunde oder einer Minute, eines Tages oder eines Monats zu erfahren. Wir können über eine Minute oder einen Monat nachdenken, wir können versuchen, uns vorzustellen, wie lange sie wohl dauern, doch wir werden nie die Dauer selbst erfahren. Wir erfahren nur das, was ist, und dieser Strom kann nicht angehalten werden. In jedem Jetzt-Moment ist das Unfassbare verborgen. Jeder Jetzt-Moment ist unendlich und als solcher gleichzeitig nicht-existent. Wenn wir das wahrnehmen, begegnen wir Bewusstsein von Angesicht zu Angesicht. Wenn wir anschauen, was in diesem Augenblick geschieht, kann sich ein Mysterium zeigen: Dieser Jetzt-Moment ist essentiell und gleichzeitig unfassbar. Im dreizehnten Jahrhundert schrieb der chinesische Dichter Wu-men:

Niemand zu Hause

Ein Augenblick ist Ewigkeit.
Ewigkeit ist jetzt.
Wenn du durch diesen Moment hindurchsiehst,
siehst du durch denjenigen hindurch, der sieht.

Der letzte Satz ist sehr wichtig. Wenn wir den gegenwärtigen Augenblick ent-hüllen, verschmelzen wir von selbst mit dem, was ist. In einem solchen Augenblick klarer Beobachtung ist das persönliche Wesen überhaupt nicht relevant. Wenn wir aufmerksam und wach für den gegenwärtigen Moment sind, kümmern wir uns nicht um die Vergangenheit oder die Zukunft. Wir verschmelzen einfach mit dem Moment und dann ist dieser Moment zeitlos.

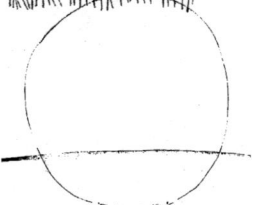

SICH-AUFLÖSEN

Der Pflock des Tao geht durch das Zentrum,
in dem sich alle Bejahungen und Verneinungen
treffen.
Wer den Pflock erfasst, befindet sich am
stillen Punkt,
von dem aus man alle Bewegungen und
Widerstände
in ihrer rechten Beziehung sehen kann …
Jedes einschränkende oder voreingenommene
Denken
aufgegeben habend,
ruht er in der unmittelbaren Einsicht.

TSCHUANG TSE

Im Angesicht des Raumes

Das gesamte Leben
ist in dem Verb „Sehen" enthalten.

TEILHARD DE CHARDIN

Unsere Beziehungsmuster richten sich danach, wie wir Menschen einander erscheinen. Wenn wir zwei Menschen anschauen, die miteinander sprechen, sehen wir ihre Gesichter im Profil. Sie sitzen einander gegenüber, von Angesicht zu Angesicht, klar umrissen und getrennt. Jedenfalls zeigt es sich so für die *Zuschauer*, welche die beiden Menschen einander gegenüber sehen. Innerlich aber verhält es sich ganz anders: Als Erste Person sehen wir unser eigenes Gesicht nicht. Person D kann die Augenfarbe von Person E sehen, wenn sie einander gegenüberstehen, doch unsere eigene Augenfarbe können wir nie sehen. Um die bedeutenden Konsequenzen dieser Perspektive noch mehr zu erforschen, werden wir ein weiteres Experiment machen. Dazu bedarf es zweier Personen. Wenn wir unserem Partner von Angesicht zu Angesicht gegenübersitzen oder -stehen, fragen wir uns: „Wie viele Gesichter sind nachweislich in diesem Moment da? Wir *denken nicht darüber nach*, wir *schauen* nur. Wenn wir ins Gesicht unseres Freundes sehen, sehen wir auch unser eigenes Gesicht? … Ist es unsere Erfahrung, Angesicht zu Angesicht oder angesichts keines Gesichts zu sitzen? Wenn wir die Perspektive anderer außer Acht lassen und selbst schauen, wie viele Gesichter sehen wir? Sehen wir zwei Gesichter oder ein Gesicht? … Nur eins. Und wie steht es mit unserer Seite? Können wir unser eigenes Gesicht sehen? Auf der anderen Seite sehen wir das Gesicht unseres Freundes und auf unserer Seite finden wir die Transparenz, von der wir bereits zuvor sprachen. (51)

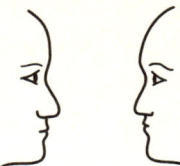  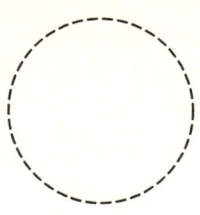

A Ansicht für einen   B das Gesicht   C das Ursprüngliche
    Außenstehenden   unseres Freundes   Gesicht

Da wir nur das Gesicht unseres Freundes und nicht unser eigenes Gesicht sehen können, lässt sich – aus dieser Perspektive – daraus schließen, dass wir auf unserer Seite kein Gesicht besitzen, mit dem wir das Gesicht unseres Freundes als außerhalb ausgrenzen können. Auf unserer Seite können wir keine Augen sehen. Keine Augen, keinen Mund, kein Gesicht. Genau das entdeckte Tung Shan, als er den heiligsten Text des Mahayana Buddhismus, das *Herz Sutra*, las. Das *Herz Sutra* beginnt mit den Worten: „Hier ist Form Leere, aber Leere auch Form … Dehalb gibt es … kein Auge, kein Ohr, keine Nase, keine Zunge, keinen Körper ….“ Douglas Harding sagt in seinen Workshops: „Andere Gesichter anzuschauen ist tatsächlich eine hervorragende Erinnerung an unsere eigene Offenheit. Dort das Gesicht, hier das Nicht-Gesicht. Im Angesicht des Raums. Man braucht nicht darüber zu sprechen, man braucht es nur zur Kenntnis zu nehmen. Und je mehr wir es zur Kenntnis nehmen, desto leichter wird es. Es ist so, als würden wir eine alte Gewohnheit, nämlich dass wir uns als hinter einem Gesicht befindlich wähnen, auflösen.“ Wir müssen nur die alten Computerprogramme in unserem Kopf löschen. Warum? Weil wir gewöhnt sind, nur das zu sehen, wovon man uns sagt, dass wir es sehen, das, was von der Sprache festgelegt wird. Wir alle sind von der Gesellschaft so geprägt, eine Person mit einem Gesicht zu sein, wir sind so (von Freunden und Spiegeln) mit der Vorstellung programmiert, hier ein Gesicht zu haben, doch in diesem Experiment wird dieser Glaube berichtigt. Wir müssen nur die getönten Gläser abnehmen, die unsere Wahrnehmung färben. Dann können wir leicht unsere wahre Natur erkennen. Wenn wir einen Augenblick lang die Vorstellung von unserem eigenen Gesicht vergessen, wird das Subjekt „gesehen". Deshalb ist es wichtig, das Bild, das sich für die dritte Person ergibt, zu vergessen und uns wirklich an unsere eigene Erfahrung zu halten.

Von außen gesehen befinden wir (D und E) uns natürlich

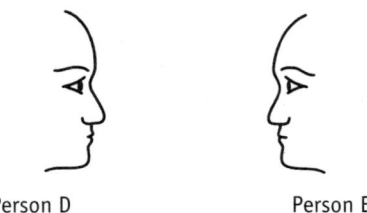

Person D   Person E

einander gegenüber: Eine dritte Person (Person F, der Kameramann) kann tatsächlich eine Entfernung zwischen D und E feststellen. Doch das ist wirklich nur einem Außenstehenden vorbehalten. Und wir (D und E) können uns diese Sichtweise nur *vorstellen*, indem wir uns vergegenwärtigen, wir sähen durch die Augen von Person F. Aus jener Perspektive (vom Standpunkt der dritten Person oder des Kameramanns) stehen wir einander gegenüber. Doch aus der Perspektive der Ersten Person sind wir offener Raum, rein und einfach.

SIEH MICH, FÜHL MICH, BERÜHR MICH

> *In der Liebe*
> *existieren weder Körper noch Geist,*
> *weder Herz noch Seele.*
>
> RUMI

Für das nächste Experiment brauchen wir einen Partner. Es geht darum, Bewusstsein durch Berührung zu entdecken. Wir bitten unseren Freund, vor uns zu sitzen, und halten uns einfach an den Händen. Wir können fühlen, wie unsere Finger ineinander greifen und sich verschränken. Wenn wir uns diese zwanzig Finger anschauen, ohne sie zu bewegen, bemerken wir vielleicht wirklich einen Unterschied in ihrer Größe und Hautfarbe und vielleicht erkennen wir unsere eigenen Finger durch den Ring, den wir tragen, aber können wir abgesehen davon sagen, wir sind in einigen Fingern mehr als in anderen?

Jetzt konzentrieren wir uns auf Berührung: Wir schließen unsere Augen und fühlen einfach die feinen Empfindungen der Berührung, da wo unsere Finger zusammenkommen und etwas über die unseres Partners hinausragen. Dann kehren wir unvermittelt, genauso wie in dem Experiment mit der Papierrolle, die Richtung unserer Aufmerksamkeit um, sodass sie sich nicht nach außen auf die Empfindungen der Hand richtet, sondern nach innen. Wir drehen unsere Aufmerksamkeit um 180° und erkennen, *was wahrnimmt*. Vom Objekt (der Empfindung der Berührung) wenden wir uns dem Subjekt (dem Bewusstsein, das diese Wahrnehmung ermöglicht) zu. Dieses Subjekt ist das weiße Papier, auf das wir unsere Geschichte schreiben. Es ist uneingeschränkte Klarheit, die den Raum zur Verfügung stellt, in dem sich diese Gefühle entfalten können. Es ist eine Art „Pool" von Bewusstsein, in dem diese Gefühle treiben. Wenn wir uns der vier Hände als etwas bewusst sind, in dem sich Wärme, Druck und Berührung vermischen, können wir (mit geschlossenen Augen) wahrnehmen, dass es keinen Unterschied mehr zwischen unseren Händen und den Händen unseres Partners gibt. Was wir normalerweise als getrennte Körper ansehen, zeigt sich nun als eine einzige Empfindung. Offensichtlich können wir dieses Experiment auch mit anderen Körperteilen als unseren Händen durchführen und trotzdem dieselbe Einheit wahrnehmen. Ein zeitloser Augenblick offener Aufmerksamkeit reicht aus. Haben wir es einmal erlebt, ist es so offensichtlich. Wir werden noch auf dieses Thema zurückkommen, wenn wir über Tantra sprechen.

Noch etwas Wichtiges können wir dabei entdecken: Wir können wieder „wahrnehmen" (mit geschlossenen Augen!), dass es keinen Unterschied mehr zwischen Innen und Außen gibt. Wir merken, dass es keinen Unterschied mehr zwischen „hier" (dem offenen Bewusstsein) und „dort" (der Empfindung der Hände) gibt. Letzteres bedarf vielleicht der Erklärung: Es ist nicht so, dass die Hände *dort draußen* sind und das wahrnehmende Bewusstsein *hier drinnen*. Es gibt nur einen Raum, diesen klaren Bereich der Bewusstheit, und er enthält die vier Hände zusammen mit allen anderen Empfindungen. Wir können wahrnehmen, wie sich diese Empfindungen in demselben Bewusstsein entfalten. Zu Anfang können wir tatsächlich meinen, es gäbe zwei Wahrnehmungen: eine entfernt von uns (die Empfindungen der vier Hände) und eine zweite direkt hier (Bewusstsein). Doch die zweite ist gar keine Wahrnehmung. Sie ist das Subjekt, *das alles enthält*. Insofern beinhaltet das „Zweite" das Erste.

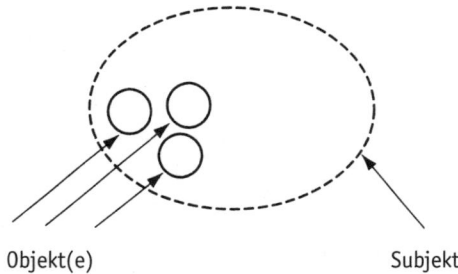

Objekt(e)   Subjekt

Um die Idee eines Subjekts, das alle Objekte enthält, zu veranschaulichen, benutzen wir die bekannte Metapher vom Ozean und den Wellen. Die Wellen sind die Erscheinungen, die wir mit unseren Sinnen erfahren (die Objekte), doch ihre wirkliche Essenz ist der Ozean (das Subjekt). Der Ozean ist natürlich die Essenz unseres Seins, aber das können wir nicht mit unserem Verstand erfassen. Wie können wir jemals wissen, was wir sind? Das ist unmöglich. Doch wenn sich das Ich-Bewusstsein auflöst, schwindet die Identifikation mit dem Bewusstsein der Welle und das Bewusstsein des Ozeans tritt in den Vordergrund. Dann ist alles mit allem anderen verbunden; sowohl die Welle als auch der Ozean sind letztendlich Wasser. Dann sehen wir, dass alles in der Welt miteinander verwoben ist. Es ist eine universelle Energie und das „spüren" wir. Die tibetischen Buddhisten bezeichnen es als den „Einen Geschmack". Das bedeutet nicht, dass die Augen sehen oder unsere Fingerspitzen fühlen, sondern Bewusstsein erfährt sich selbst. Unsere Augen halten meistens nach allen möglichen Objekten oder Empfindungen Ausschau. Unser Verstand ist so konditioniert, dass er ständig nach Sinneseindrücken sucht, aber bei diesem Sehen handelt es sich um das Gegenteil: Es ist einfach das unmittelbare Erleben dessen, was wir wirklich sind. Anstatt uns auf Objekte auszurichten, „erfahren" wir das Subjekt. Dieses Subjekt ist das, was wir sind. Wir sind uns des Raums bewusst, dieser zutiefst gegenwärtigen Leere, die alle Dinge beinhaltet. Empfindungen im Körper, Gedanken und Emotionen, die Berührung unseres Körpers mit einem anderen Körper – all das erscheint im gleichen Raum. Wir sind das transparente Bewusstsein, in dem Empfindungen erscheinen, und diese Empfindungen werden scheinbar in regelmäßigen Abständen durch andere Empfindungen ersetzt.

Die Hände, die wir als unsere Hände bezeichnen, und all die anderen Körperteile, die wir unser Eigen nennen, zählen mit zu den Empfindungen, die kommen und gehen. Das, was sie alle beinhaltet, dieses uneingeschränkte Bewusstsein, kommt nicht und geht nicht: Es *ist* immer. Dieses Bewusstsein ist der Kern unseres Wesens, die Grundlage unseres Lebens. Wenn wir uns des klaren Bewusstseins gewahr sind, das unsere körperlichen

Empfindungen registriert und das mühelos Sinneseindrücke aus der so genannten Umgebung aufnimmt, dann können wir erleben, wie völlig offen und verfügbar seine Leere ist – sei es für den Schmerz in unserem Rücken, für das Hungergefühl oder für die gegenseitige Berührung unserer Hände.

Natürlich ist der Ozean nur eine Metapher für die Einheit, denn der äußere Ozean kann nur in einem dualistischen Rahmen wahrgenommen werden. Die Wellen des Ozeans sind nur sichtbar, wenn Luft über dem Ozean ist. In dem Fall besteht erneut Dualität: Wasser, Luft und ein Beobachter (beispielsweise in einem Flugzeug oder in einem Boot), der von oben auf den Ozean herabschaut. Wäre der Ozean wirklich das Einzige, dann könnte diese Einheit nicht beobachtet werden, dann wäre der Beobachter Teil des Ozeans. Wir wären nicht Taucher, sondern Wasser selbst. Und wenn wir Wasser *sind*, wird es unmöglich, Wasser zu beobachten, die Wellen zu sehen und den Ozean zu kennen. Wie könnte Wasser sich selbst beobachten?

NACKTES SEIN

Liebe bis zur Erschöpfung, explodiere.
Dann tritt ein in den Zwischenraum und sei bewusst –
Offenbarung!

VIGYANA BHAIRAVA TANTRA

Viele Sucher berichten, sie könnten sich in der Meditation völlig vergessen. Manchmal handelt es sich dabei um einen sehr kurzen Augenblick der Offenheit, andere Male ist es ein einschneidendes transzendentales Ereignis. Ungeachtet dessen, wie wir uns danach fühlen, kann so eine Gipfelerfahrung manchmal dramatische Spuren in unserem Geist hinterlassen. Zuweilen findet eine ganz wesentliche Verlagerung des Bewusstseins statt, die zu einer einfachen, aber wichtigen Veränderung der Perspektive führt. Solche Einbrüche der Transzendenz geschehen, wenn man die Konzepte der Sichtweise X hinter sich lässt. Wir revidieren die Vorstellungen, die wir über uns selbst haben, und tauchen in ein neues Bewusstsein dessen ein, was wir sind.

Wie geschieht das? Nun, es kann nicht geübt werden, es passiert einfach. Es scheint viele Möglichkeiten zu geben, unsere Sinne zu transzendieren. Jeder Sucher hat schon mal ein wenig vom Aroma der Unendlichkeit erfahren – vor allem in der frühen Kindheit –, doch die meisten Menschen scheinen sich nicht mehr daran zu erinnern. Und da wir mit dem Verstand nicht mehr an diese Ereignisse herankommen, wurden Techniken entwickelt, um den Verstand zu umgehen. Vor allem Abläufe, die sich immer wiederholen, können scheinbar Katalysatoren für unsere Loslösung sein. Die religiösen Traditionen haben verschiedenste Techniken (Mantren, Gebete und so weiter) zu diesem Zweck verwendet. Die Gefahr dabei ist natürlich, dass diese Techniken leicht zu Werkzeugen des Ego werden. In vielen Fällen ereignen sich solche Transzendenzerfahrungen spontan, ohne dass man spirituelle Techniken praktiziert. Viele Menschen bestätigen, dass „Es" ganz unerwartet kam, zum Beispiel, als sie in einem Park spazieren gingen, auf einen Bus warteten oder in einem See schwammen. Letztlich spielt es keine Rolle, was wir tun; es geht vor allem darum, *jenseits* der Sinne zu gehen. Jede Aktivität des Körpers oder des Geistes kann ein Auslöser sein. Es ist nicht unbedingt notwendig, die Regeln oder Techniken einer bestimmten spirituellen Tradition zu praktizieren.

In der modernen westlichen Gesellschaft haben viele Menschen die Verbindung zum Gebet oder zur formellen Meditation verloren. Teilweise ist dies dadurch bedingt, dass diese spirituellen Techniken an offizielle religiöse Organisationen gebunden sind, und viele Sucher haben – trotz ihrem Verlangen nach Spiritualität – der offiziellen Religion den Rücken zugewandt. Auf der Suche nach einem „natürlicheren" Weg, unsere unbegrenzte Natur zu enthüllen, haben manche entdeckt, dass wir eine ähnliche Bewusstseinsveränderung während der sexuellen Liebe erfahren können. Ohne irgendwelche exotischen Techniken können wir entdecken, dass eine Begegnung zweier Menschen plötzlich das Tor zu einem Raum des *Seins* öffnen kann – einem Raum, der klar, einfach und näher als alles andere ist. Unsere Haut verschwindet, unsere Grenzen verfließen und es kommt kein Gefühl eines „Ich" mehr auf. Es sind Momente, in denen das Ego verschwindet und wir uns quasi in Luft auflösen. Es gibt keinen Liebenden und keinen Geliebten mehr. Wir können uns zum Beispiel vorstellen, es gäbe nur noch einen Körper mit vier Armen und vier Beinen, aber das ist nur ein weiteres mentales Bild. Der Zustand, den wir meinen, ist frei von Konzepten – körperlos, gedankenlos, zeitlos. Und als solcher ist er gar kein Zustand. Ken Wilber schrieb:

> In vielen der großen Weisheitstraditionen der Welt – vor allem in ihrer Blütezeit – wurde Sexualität zutiefst als ein kunstvoller Ausdruck von Spiritualität angesehen – und als ein Weg, um die spirituelle Verwirklichung zu fördern. Schließlich werden wir in der ekstatischen Umarmung sexueller Liebe über uns selbst hinausgetragen, wir sind befreit vom Krampf des getrennten Ich und zumindest vorübergehend der zeitlosen, raumlosen, glückseligen Vereinigung mit dem wunderbaren Geliebten hingegeben – und gibt es eine bessere Definition von spiritueller Befreiung als das? In jenen Augenblicken sexueller Verzückung spüren wir alle Gott, wir spüren die Göttin, wir spüren reinen Geist, und weise Männer und Frauen haben seit jeher diese Verzückung genutzt, um die innersten Geheimnisse des Geistes zu enthüllen. (52)

Meistens haben die Menschen Angst davor, ihren Körper zu verlieren, aber in so einer intimen Begegnung können sie erfahren, wie natürlich es sein kann. Da wir uns nicht mehr mit einem bestimmten körperlichen Bereich oder einer bestimmten Energie identifizieren, die in unserem feinstofflichen Körper auftaucht, stellt sich nichts zwischen den Beobachter und das Beobachtete. Anstatt einer frontalen Begegnung zwischen zwei Menschen ergibt sich eine völlig neue Annäherung. Wenn wir das Gesicht unseres Geliebten betrachten, könnten wir sagen: „Auf der anderen Seite kann ich ein Gesicht wahrnehmen, aber auf meiner Seite ist kein Gesicht, sondern offener Raum." Wenn wir dies bewusst erkennen, haben wir eine unverhüllte Begegnung von offenem Raum auf der einen Seite und den Empfindungen der interagierenden Körper auf der anderen Seite. Wir können also in beiden Richtungen unser wahres Wesen finden: Auf der einen Seite sehen wir unsere unmittelbare Umgebung, zum Beispiel das Gesicht unseres Freundes. Gleichzeitig kehren wir den Pfeil unserer Aufmerksamkeit um, damit wir herausfinden können, wer [oder was] sieht. Wir merken, dass es keine Augen gibt, die sehen, keinen Kopf, der beobachtet, nicht einmal eine Person, die liebt, nur Bewusstsein existiert. Jemand, der diese einfache und doch radikale Veränderung vom denkenden Ego zum wahrnehmenden Selbst erfahren hat, kann sagen: „Auch wenn ich anscheinend noch daran gewöhnt bin, mich von den physischen Umrissen meines Körpers begrenzt zu fühlen, auch wenn ich mich noch recht oft mit meinem Denken und Fühlen identifiziere, habe ich einen Geschmack von der Unendlichkeit gehabt." Selbst wenn wir uns nicht zu 100 Prozent sicher sein können, dass es *das* Unendliche ist, wird uns jener Geschmack der Unendlichkeit nie verlassen. Er hat einen Duft, der uns an etwas Unbeschreibliches und gleichzeitig sehr Vertrautes erinnert. Es ist unberührt wie der Horizont, der immer weiter zurückweicht, wenn wir auf ihn zugehen. Jedes Mal, wenn wir in diesem Ozean unseres wirklichen Seins aufgehen, verschwinden alle Fragen und die Vernunft verliert ihre ganze Wichtigkeit.

GÖTTLICHE INTIMITÄT

Von all dem Großartigen,
was wir an uns entdecken können,
ist die Existenz des Nichts
das Größte.

LEONARDO DA VINCI

In den Spielen, die wir während unseres sogenannten Wachtraums spielen, sehen wir Beziehungen als eine Konfrontation zwischen zwei Menschen an. Viele Leute erfahren den Umgang mit ihrem Partner als Austausch von Sinneseindrücken, Gefühlen und Gedanken – einen energetischen Austausch zwischen zwei getrennten Wesen. Wir können uns durch unsere Anwesenheit gegenseitig trösten, wir können einander helfen und wir können den anderen als jemanden betrachten, der unser eigenes Mangelgefühl ausgleichen kann. Solange wir uns auf diesen Körper-Geist-Mechanismus begrenzen, wird nicht der Raum dafür übrig sein, der eine völlige gegenseitige Verschmelzung zulässt: Aller Raum, der zur Verfügung steht, wird davon ausgefüllt, dass ein Teil dem anderen begegnet. Doch wir wissen alle intuitiv, dass es noch einen anderen Weg geben muss, einander zu begegnen.

In bestimmten Augenblicken scheint sich unser Bewusstsein zu verändern, so als ob wir Augenblicke reinen Gewahrseins erfahren würden. Solch ein zeitloser Augenblick der Transzendenz stellt unsere gewöhnliche Lebensweise in Frage. Dann ist nichts mehr so, wie es zuvor zu sein schien. In einem solchen magischen Augenblick fällt das gedankliche Muster, der Partner sei eine von mir getrennte Person, in sich zusammen. In diesen zeitlosen Augenblicken völliger Hingabe und Aufmerksamkeit können wir so in einer speziellen Aktivität oder Wahrnehmung aufgehen, dass wir uns verlieren. Dann „erfahren" wir anscheinend einen Augenblick reinen Bewusstseins, der einfach und allumfassend gleichzeitig ist. Außerdem können wir bei einer solchen Begegnung nicht unser Tun steuern. Die Konzepte des Ego lösen sich auf, der Steuermann in unserem Kopf befindet sich im „Stand-By-Modus" und alles geschieht einfach, unvorhersehbar und natürlich. Unsere eigene persönliche Welt mit ihren Erwartungen und Plänen löst sich auf und wir haben einen Geschmack der unendlichen Natur unseres Bewusstseins. Pattinattar, ein tamilischer Tantriker, sagte:

> Die sechs Bereiche des Körpers, die fünf Zustände:
> Sie alle weichen zurück und verschwinden.
> Und ich bleibe voller Staunen im offenen Raum …
> unfassbare Glückseligkeit überkommt mich.

So eine Begegnung kann uns über uns hinaus in einen unpersönlichen Raum tragen, in dem unser eigenes Zentrum so erhaben leuchtet, dass Zeit und Raum vergessen werden. Diese Beschreibung mag sich so anhören, als würden wir uns auf etwas beziehen, was nur wenigen vorbehalten ist, aber diese Erfahrensweise ist universell: Die Entdeckung dieses tantrischen Raums ist nicht an einen bestimmten Weg, eine Tradition oder Religion gebunden. Sie ist nicht ausschließlich so genannten tantrischen Meistern oder östlichen Liebhabern der Magie zugänglich. Dieser tantrische Raum ist kein „Zustand", der durch das Praktizieren bestimmter Regeln oder Techniken „erlangt" werden muss. Es gibt keinen Eingang und keinen Ausgang. Im Zen wird es das torlose Tor genannt. Steht der Sucher davor, scheint das Tor da zu sein, und er hofft, es eines Tages zu durchschreiten. Wenn klar ist, dass niemand darin ist, stürzen alle diese Konzepte ein. Sobald erkannt wird, dass es keinen Suchenden gibt, verschwindet das Tor. Niemand geht jemals hindurch, niemand wird jemals zurückschauen, einfach weil sowieso von Anfang an niemals jemand existierte. Wenn wir unsere Konzepte von uns selbst verlieren, dann ist alles, was bleibt, „das, was ist", ohne irgendwelche weiteren Kommentare oder Pläne. (53)

Wenn wir unser Denken transzendieren, verlieren wir unser gewohntes Gefühl der Trennung, und vielleicht sind wir überwältigt von dem ungemein kraftvollen Bewusstsein „ICH". Welch eine wunderbare Entdeckung ist es, mit unserem Geliebten zu sein und eine Einheit zu finden, die wir uns niemals vorgestellt hätten. Einerseits scheinen wir völlig zu verschwinden, andererseits ist es so, als ob uns ein endloser Raum der Liebe erfüllt. Es ist also gleichzeitig ein Gefühl der Fülle und der Leere da.

Wir sehen nur noch „Istheit" in allem – im Partner, in uns selbst, in der Begegnung, in der Umgebung. Es gibt tatsächlich keine getrennten Wesen mehr; das ist so einfach und offensichtlich, dass es fast beschämend ist, dies zu schreiben. Scheinbar lösen wir uns in Luft auf: Wir sind nicht mehr in der Welt und doch voll gegenwärtig. Und wir können das sofort ausprobieren. Wenn wir uns mit geschlossenen Augen auf das „Ich bin" konzentrieren, stellen wir fest, dass dieses „Ich bin" nicht an einem Ort festgemacht werden kann. Aus Gewohnheit denken wir, das „Ich bin" sei auf unseren Körper beschränkt, doch wenn wir genau hinschauen, erkennen wir, dass das Gefühl „Ich bin" in keiner Weise beschränkt ist. Dieser Raum wohnt nicht in unserem Herzen, unserem Gehirn oder sonst irgendwo.

Die Kunst bewusster Sexualität

Wir lösen uns auf –
lächelnd, stöhnend, weinend –
in der Glückseligkeit sexueller Umarmung. (54)

<small>David Deida</small>

Wenn die Trennung zwischen dem Körper und seiner unmittelbaren Umgebung in einer so genannten tantrischen Begegnung aufgehoben ist, tun wir nicht mehr so, als wären wir etwas oder jemand, der wir nicht sind. Wir verlieren die Identifikation mit unserem Körper-Verstand-Mechanismus, wir erwarten nichts mehr und lassen alles so sein, *wie es ist*. Es ist nur noch ein müheloses Zulassen, egal ob es sich um die Wahrnehmung von Geräuschen, sexuellen Empfindungen, Gedanken oder Gefühlen handelt, die vorüberziehen. Allem wird gestattet, sich auszudrücken, nicht als Übung, sondern weil es nicht anders sein kann. Wenn wir unseres Bewusstseins gewahr werden, sind wir hellwach. Wenn wir einfach das raumlose Hier und das zeitlose Jetzt willkommen heißen, haben wir einen Vorgeschmack davon, wie sich das verlorene Paradies anfühlt.

Haben wir dieses Paradies einmal erfahren, wollen wir es wiederhaben. Sobald wir es nur kurz gekostet haben, wollen wir mehr davon. Und damit beginnen die Schwierigkeiten. Wir organisieren das Leben (indem wir uns einen bestimmten Lebensstil zulegen, Vegetarier werden, meditieren oder östliche Liebestechniken praktizieren), um diese Erfahrung wieder zu bekommen. Aber so funktioniert es nicht. Solange eine Technik involviert ist (eine Yogatechnik, eine tantrische Technik, eine Meditationstechnik), muss es einen Praktizierenden der Technik geben, jemanden, der Erfahrungen erreicht. Solange es Kontrolle gibt (Atemkontrolle, Kontrolle der Energie, Kontrolle des Orgasmus, Kontrolle des Geistes), muss ein Kontrollie-render da sein. Das bedeutet, es bleibt ein Zustand der Duali-tät. Solange wir an dem anhaften, was wir fühlen sollen, solan-ge wir hoffen, das zu erfahren, was in den bekannten Lehrbü-chern über Tantra und Taoismus steht, identifizieren wir uns im-mer noch mit unserer Persönlichkeit. Je mehr wir versuchen, die so genannten Experten nachzuahmen – egal ob wir meinen, es gelingt uns oder nicht – , umso mehr verstärken wir unsere Bin-dung an das Ego. Es ist nichts verkehrt an all diesen Wegen und Techniken, solange wir uns bewusst sind, dass sie nicht mehr als (unterhaltsame) Exkurse sind.

Wenn wir das Verlangen nach Transzendenz völlig loslassen, können wir all das aus einer neuen Perspektive sehen. Wir las-sen jegliche Form von Kontrolle oder Unterdrückung hinter uns und geben uns dem hin, was uns die Natur schenkt. Vielleicht schenkt sie uns Gipfel und Täler und es ist einerlei, wie lange wir „oben" sind, da es sowieso außerhalb der Zeit geschieht. Es gibt keinen Handelnden, keinen Erfahrenden, keinen Partner, nur Sein, eine Begegnung in der Leerheit. Wir können es eine *Begegnung* von Liebenden nennen. Es ist eine Erfahrung, zusam-men zu sein, ohne Forderungen zu stellen. Im Raum- und Zeit-losen ist kein Platz für Besitzansprüche oder Gedanken an die Zukunft; es ist nur Platz, um zusammen zu sein, Platz für vor-behaltlose Freundschaft. Und selbst das ist eine Übertreibung. Es ist nur das da, was geschieht, und in diesem Geschehen kann ein magischer Raum erscheinen, in dem wir uns verlieren und einander finden. In diesem *Raum* hat unser Freund die Gele-genheit, sich vollständig auszudrücken. Der Partner oder die Partnerin kann er/sie selbst sein und muss nicht besondere Be-dingungen erfüllen, um unsere Aufmerksamkeit, Liebe oder Zustimmung zu erhalten. Das kann für beide Partner sehr be-freiend sein.

Das Tor zu deiner Liebe

Wenn du frei sein möchtest,
wisse, dass du das Selbst bist,
der Zeuge von all diesem,
das Herz des Gewahrseins.

Ashtavakra Gita

Wir haben gesagt, wenn es keinen Handelnden gibt, keinen Erfahrenden, scheinen wir für unseren Geliebten zu verschwinden. Dann findet keine Begegnung zwischen zwei Menschen statt, nur eine Begegnung in der Leerheit. Doch dazu bedarf es keiner bestimmten sexuellen *Technik*: Dieser offene Raum ist genauso in der Stille zugänglich, ohne sich zu bewegen oder sich sexuell zu vereinigen. In solchen Begegnungen verschenken wir uns förmlich und „tun" doch gleichzeitig nichts. Wir lassen das vollständig los, was wir als unser Wertvollstes angesehen haben – das Gefühl unserer eigenen Identität, unsere Persönlichkeit, in das wir unser ganzes Leben lang investiert haben. In einem zeitlosen Augenblick verlieren wir unsere Existenz als eine Person.

Das erfordert die Fähigkeit, losgelöst von uns selbst zu werden und uns von unseren Identifikationsmustern und Konditionierungen zu lösen. Dann passiert alles ganz natürlich: Etwas Unbekanntes geschieht von selbst. Es ist, als würden wir vom Strom sexueller Energie fortgetragen: Das „Ich" verschwindet und nur die Begegnung mit dem Partner bleibt. Wenn wir für unseren Geliebten verschwinden, „sehen" wir etwas, was unsere ganze Wahrnehmung des Lebens völlig verwandelt, etwas Größeres und Herrlicheres als alles, was wir uns vorstellen können, und wenn diese Veränderung kommt, ereignet sie sich in der Zeitlosigkeit dessen, was ist.

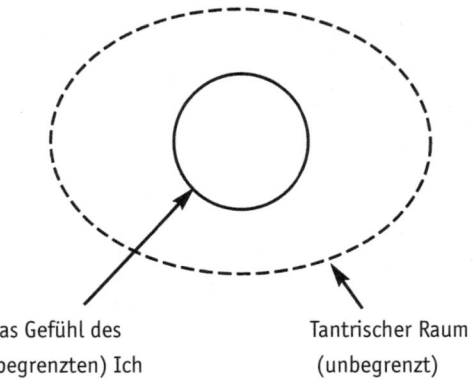

Das Gefühl des   Tantrischer Raum
(begrenzten) Ich   (unbegrenzt)

All dies hat wie gesagt nichts mit akrobatischen oder geheimen sexuellen Techniken zu tun. Wir sprechen nur über die
einfache und atemberaubende Größe des *Gewöhnlichen*. Die
Erfahrung dessen, was wir sind, ist unmittelbar hier. Was gerade mit uns geschah – reflektieren können wir darüber erst danach – ist einzigartig und doch vergänglich, einfach und wunder-
schön. Das einzige „Tun", was dazu erforderlich ist, ist, *sich dessen bewusst zu sein, was ist* – klingt das schwierig? Einfach
zerschmelzen. Plötzlich entdecken wir [wird entdeckt], dass wir
tatsächlich der eine und einzige Ursprung alles Existierenden
sind. Wenn wir sogar denjenigen loslassen, der sich gewahr ist,
bleibt nur noch Gegenwärtigkeit selbst. Das Leben lebt sich
einfach durch uns und wir sind Zeuge dessen, aufgegangen in
Gegenwärtigkeit, alles im selben raumlosen Hier und zeitlosen
Jetzt beobachtend. In der Erfahrung dieser Gegenwärtigkeit
schwindet jeglicher Begriff von Raum und Zeit, und Bezeugen
und Gegenwärtigkeit werden eins.

Zur Veranschaulichung kann uns die folgende Metapher
dienen: Wir zeichnen mit unserem Finger drei Bilder in den
Sand – ein Quadrat, ein Dreieck und einen Kreis. Diese Bilder
entsprechen drei verschiedenen Zuständen. Das Quadrat steht
für zwei Menschen, die zusammen sind, aber die sich als getrenn-

te Wesen einander gegenüber befinden; das Dreieck steht für zwei Menschen, die einen Augenblick der Glückseligkeit leben und der Kreis für zwei Menschen, die sich auflösen. Letzteres kann eine tantrische Begegnung von zwei Wesen genannt werden, die völlig im Fluss ihres Zusammenkommens aufgehen.

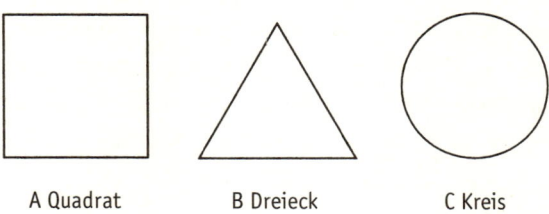

A Quadrat   B Dreieck   C Kreis

Diese drei Zustände sind nicht die einzigen Möglichkeiten. Solange unsere Aufmerksamkeit auf die drei Zeichnungen gerichtet ist, sehen wir den Sand drumherum und dazwischen nicht. Wenn wir genauer hinschauen, nehmen wir auch den Sand zur Kenntnis, auf dem wir die Bilder gezeichnet haben und der bei diesem Vergleich den gemeinsamen Raum für *alle* Empfindungen darstellt. Das Erkennen dieses Hintergrunds hindert uns nicht daran, noch die drei Zeichnungen zu sehen, und doch ist dadurch alles anders. Die Erkenntnis dieses stillen Raums hindert uns auch nicht daran, die Unterschiede zwischen diesen drei Zuständen wahrzunehmen und uns an jedem einzelnen Zustand als solchem zu erfreuen. Diese umfassende Sicht erlaubt uns durchaus noch, die besonderen Eigenschaften jedes Zustands wahrzunehmen, aber wir „sehen", dass sie alle nur in eine Einheit eingebettet sind: Es gibt nur Sand.

Viele Menschen sagen, es sei wunderbar, diese Erfahrung mit einem Freund zu teilen. Sie spüren die immense Offenheit der unpersönlichen Liebe, die in einer solchen Begegnung erblühen kann. In diesem Kern unseres innersten Wesens, im Zentrum unserer Selbst, befindet sich ein Same der Unbegrenztheit und von diesem Samen ausgehend nährt das Unbegrenzte unser

Leben. Dann erkennen wir uns in der Unmittelbarkeit des Augenblicks. All unsere spirituellen Sehnsüchte sind nun plötzlich verschwunden. Dies wird manchmal grundlose Glückseligkeit genannt, ein Glück, das nicht von äußeren Objekten oder Situationen abhängt, eine tiefe Freude, die sich von der Freude, die andere Objekte uns schenken, unterscheidet. Es ist keine Hingabe an eine Liebe „zu" etwas oder „zu" jemandem, sondern Liebe, die Liebe in Sich Selbst als Sich Selbst findet. Dieser „tantrische Raum" ist tatsächlich von der Kraft unpersönlicher Liebe erfüllt und kann als ein gewaltiges Meer universeller Energie bezeichnet werden.

Das Schöne an dieser Entdeckung ist, dass diese Klarheit früher oder später unser Herz mit so einem tiefen Mitgefühl erfüllt, dass unsere persönlichen Erwartungen und Ziele quasi wegfallen. Bedingungslose Liebe entsteht spontan ohne persönliches Zutun und wir verstehen endlich die Kernbotschaft des Buddhismus (und jeder anderen spirituellen Tradition), die wahres Mitgefühl für alles, was ist, lehrt. Wahres Mitgefühl für unsere Nächsten ist ganz natürlich da, ohne den Drang, die Menschen verändern zu wollen, ohne den Wunsch, ein guter Mensch zu sein: nur bedingungsloses Mitgefühl. Die einzige Gefahr dabei besteht darin, dass wir diesem „bedingungsloses Mitgefühl" eine persönliche Note geben und meinen, wir müssten es irgendwie *fühlen*. Dann landen wir erneut im Kreislauf der Erwartung göttlicher Liebe und ein neues subtiles Spiel des suchenden Geistes beginnt.

9 GEWAHRSEIN ERWACHT

Dieses „Erwachen“ ins Gewahrsein,
diese Schau der Wirklichkeit,
ist kein Ort, zu dem du kommen kannst,
keine Errungenschaft, die du erlangen kannst,
kein Ziel, das du erreichen kannst.
Es ist deine ursprüngliche Natur,
die du einfach in einem tiefen und
überwältigenden Moment des
Wiederentdeckens erkennst. (55)

METTA ZETTY

SEIN ODER WISSEN?

Obwohl es nur ein Selbst gibt,
nimmt dieses die Form jedes Objekts an,
in dem Es weilt.

UPANISHADEN

Einige Mystiker sagen, wahre Freiheit oder vollständige Befreiung sei nur möglich, wenn die Persönlichkeit nicht die Hauptrolle für sich beanspruche. Wenn dem so ist, was können wir dann tun, um Befreiung zu „erlangen"? Wohin können wir gehen? Unsere Persönlichkeit will immer ein Ziel haben. Unser Verstand möchte sich immer auf etwas Neues oder auf etwas Persönliches ausrichten. Aber wie kann die Persönlichkeit etwas tun, wenn sie doch eigentlich gar nicht da sein soll? Steigen wir aus unserem Verstand aus? Wie kann der persönliche Verstand das *Unpersönliche* finden? Ist der Verstand nicht mittlerweile schachmatt gesetzt? Anstatt uns mit dem zu identifizieren, was kommt und geht, also mit Gedanken und Vorstellungen, wird manchmal geraten, wir (wer?) könnten auch beim *Gewahrsein* selbst verweilen. Der Witz dabei ist, dass wir dafür nichts tun müssen. Was könnten wir tun, um das zu sein, was wir sowieso bereits sind? Dieselben Mystiker sagen auch, obwohl wir „bereits Das sind", müssten wir Es einfach nur *erkennen*. Insofern besteht da doch ein Unterschied. Wir müssen Es erkennen, wir müssen erkennen, was wir bereits sind, unsere wahre Natur. Und es heißt, dass unsere wahre Natur der klare Himmel ist und nicht die Wolken. Zu Beginn ist es leichter, unsere wahre Natur in Augenblicken der Stille zu erkennen (und nicht im Lärm unserer Gedanken und Gefühle). Es wird sogar behauptet, wir hätten die *Wahl*, ob wir unsere Aufmerksamkeit auf die Stille richten oder auf den Lärm. Es gehe eigentlich nur darum, unserer Aufmerksamkeit zu erlauben, von dem blauen Himmel erfüllt zu sein, anstatt von den Wolken. In dieser Metapher sind die Wolken ein Sinnbild für unsere persönlichen Gedanken, Ziele, Hoffnungen und Ängste. Diese Wolken hindern uns angeblich daran, den Sonnenschein zu sehen. Und der klare Himmel symbolisiert den stillen und klaren Hintergrund, welcher der Zeuge all dieser Bilder ist. Unser Denken hat die Angewohnheit, immer nach neuen Sinneseindrücken Ausschau zu halten; die Wolken scheinen ihm viel anziehender zu sein als der leere Himmel – so ist es konzipiert. Vorstellungen kommen und gehen, Empfindungen im Körper kommen und gehen, Emotionen kommen und gehen wie in einem Film. Was ist mit dem Hintergrund, in dem sie erscheinen? Was ist, wenn wir uns entscheiden, den Verstand nicht mehr mit neuen Gedanken und Vorstellungen zu „füttern"? Konzepte und Empfindungen kommen und gehen, aber wo ist Das, was niemals kommt und geht? Wie wäre es, wenn wir unsere Aufmerksamkeit auf Das richten? Wie wäre es, diese Quelle zu *sein*, ohne an sie zu denken? Wie wäre es, dieser Hintergrund zu sein, ohne ihn verstehen zu wollen? Er ist jenseits des Jenseitigen. Wenn wir in dieser Weite aufgehen würden, wenn wir in die Klarheit dessen, was wir sind, verschmelzen würden, dann hätte der denkende Geist nichts mehr zu tun. Der Verstand hätte nichts mehr, woran er sich festhalten könnte.

Für gewöhnlich haben unsere Gedanken durch unsere Identifikation mit dem Verstand einen zwanghaften Charakter. Das gilt für viele Sucher. Die Gedanken, die aufsteigen – und zwar nicht die praktischen Gedanken, sondern die egozentrischen Gedanken, die Gedanken über unsere persönliche Vergangenheit und Zukunft – können nicht angehalten werden, sie scheinen ein Eigenleben zu besitzen. Da die meisten Menschen diesen Denkprozess nicht anhalten können, werden sie von ihren Gedankenmustern überstimmt und erkennen es noch nicht einmal. Die übliche *Identifikation* mit den Gedankengängen (dem so genannten denkenden Geist) verstärkt diesen Prozess energetisch noch mehr. Wenn wir ihm dann noch viel Aufmerksamkeit schenken, werden die Gedanken immer machtvoller und es entsteht ein regelrechter Nebel aus Wertungen. Wir bedecken unsere eigene Welt mit einem Schleier aus Urteilen und dieser unaufhörliche gedankliche Lärm hindert die Menschen daran, die Stille und Klarheit des reinen Seins zu finden. Diese innere Stimme kommentiert, spekuliert und beklagt sich. Folglich haben die Menschen keine klare Sicht, weil sie die Gegenwart durch die Augen der Vergangenheit oder Zukunft wahrnehmen und beurteilen. Wenn unsere Sinne benutzt werden, ohne dass wir uns einmischen, sehen wir ohne Interpretation. Wir sehen Licht, Formen und Farben, ohne sie zu beurteilen. Wir sind uns des Raums bewusst, der alle Sinneseindrücke zulässt, und tatsächlich verändert sich nichts. Es handelt sich hierbei nicht um eine andere Wahrnehmung, nichts „Neues" oder „Anderes" wird entdeckt, es dreht sich einfach um eine neue Perspektive. Wenn wir nicht in Gedanken an die Vergangenheit oder an die Zukunft verstrickt sind, dann ist unsere Handlung entspannt und leicht. Dann gibt es keinen Widerstand gegen das, was ist, und kein Klagen, weil unsere ganze Aufmerksamkeit bei dem ist, was der gegenwärtige Moment bietet.

WIE BLASEN IN SPRUDELNDEM WASSER

Was uns Schwierigkeiten macht,
ist unser Glaube,
der Verstand sei gleichsam ein kleiner Mann
in unserem Innern.

LUDWIG WITTGENSTEIN

Wie können wir unsere wahre Natur erfahren? Wie können wir von dem Wachtraum erwachen? Kann unser (begrenzter) Verstand das (unbegrenzte) Bewusstsein erkennen? Wird dieses Buch die endgültigen Antworten darauf geben? Nein. Wir werden sie nicht wissen und wir haben sie noch nie gewusst. Alles, was wir tun können, besteht darin, an einem bestimmten Punkt die Suche aufzugeben und all unser Sehnen und Streben loszulassen. Wir (wer?) geben es auf, „wissen zu wollen". Sobald wir uns dem, was ist, widmen, wird diese „Offenheit" zu einer dauerhaften und lebendigen Meditation und danach scheint es keinen Grund mehr dafür zu geben, warum wir es zu einer formellen Technik (der Meditation, des Gebets, der Hingabe) machen sollten, die vom täglichen Leben getrennt ist. Wenn wir meinen, spirituelle Techniken und das Befolgen der Regeln einer bestimmten religiösen Tradition würden uns der „Verwirklichung" näher bringen, so ist das erneut ein weiterer Glaubenssatz. Auch Reinkarnation und Karma sind Konzepte der Sichtweise X, die die Vorstellung eines getrennten Ich unterstützen, eines Ich, das glaubt, freie Wahl zu besitzen, um richtig oder falsch zu handeln und in zukünftigen Leben dafür belohnt oder bestraft zu werden. Wie bereits gesagt sind all diese Konzepte unwesentlich, wenn wir nach unserem wahren Wesen suchen.

Alles, was wir in unserem Leben erfahren, ist völlig einzigartig, frisch und unschuldig. Es erscheint und vergeht, es ist hier und dann ist es wieder fort. Wenn wir uns – einfach als kleines Experiment – fragen, woher unsere Gedanken kommen, können wir bemerken, dass sie gar nicht „unsere" Gedanken sind. Wir schließen unsere Augen eine Minute lang und versuchen einfach mal, einen Gedanken festzuhalten, sobald er auftaucht. Wir versuchen nach Möglichkeit, unsere Gedanken so schnell wie möglich „einzufangen". Woher kommen diese Gedanken? Sind es wirklich „unsere" Gedanken? Erzeugen wir sie selbst oder erscheinen sie einfach in unserem Bewusstsein so wie die Wolken am Himmel? Wenn wir genau hinschauen, dann erfahren wir, dass sie scheinbar aus dem Nichts auftauchen, sie erheben sich, verweilen einen Moment und lösen sich dann in Nichts auf. Gedanken und Emotionen entstehen, mit anderen Worten, aus dem Nichts, so wie Blasen in einem Glas Sprudelwasser scheinbar von nirgendwoher kommen. Sie kommen aus keiner bestimmten Quelle, erheben sich an die Oberfläche und ver- schwinden wieder. Sie kommen aus dem Unendlichen und ge- hen wieder ins Unendliche zurück. (56)

Es gibt nur das Unendliche und folglich greifen die Regeln oder Maßstäbe einfach nicht, die unser Verstand für jedes spi- rituelle Erwachen aufstellt. Es existiert niemand, der sich für die Befreiung vorbereiten kann, da niemand befreit zu werden braucht. Es gibt keine Regeln, weil es keinen wirklichen Weg gibt. Es sind keine Voraussetzungen für das Erwachen erforder- lich. Wir sprechen hier über Erwachen nicht im Sinne eines Ereignisses oder eines geistigen Zustands, sondern im Sinne einer Energie, und selbst dieses Wort kann irreführend wer- den. Es ist einfach *universelle Energie*, insofern als sie der Ur- sprung von allem ist. Diese Energie ist allumfassend, neutral und unpersönlich.

Wir sehen ein Flugzeug, das am Himmel fliegt, aber wenn sie danach gefragt werden, was sie sehen, sagen die Menschen: „Ein Flugzeug." Der blaue Himmel selbst wird übersehen. Ein Flug- zeug taucht auf und verschwindet wieder, doch der Himmel ist immer da. Auf diesen Himmel, der auch das Flugzeug enthält, möchten wir hinweisen. Und natürlich bedeutet dieser Hinweis nicht, dass wir etwas erlangen oder irgendwohin gehen. Etwas zu „haben" oder zu „erlangen" ist nur möglich, wenn es sowohl einen „Jemand" als auch „etwas" gibt, was man erlangen kann – beides trifft auf diese Suche nach unserer wahren Identität nicht zu. Dieses Buch handelt nicht von einer spirituellen Su- che im normalen Sinne des Wortes. Es gibt keinen „Suchenden"

Niemand zu Hause

und kein „Ziel", weil wir irgendwann begreifen, dass es nichts zu bekommen gibt. Der Körper und unsere Gedanken und Gefühle scheinen uns natürlich sehr persönlich zu sein und ebenso die spirituelle Suche, doch das ist nur ein Trick des Verstands. So sind unsere Sinne konzipiert und daran ist nichts falsch. All die vorüberziehenden Sinneseindrücke scheinen tatsächlich sehr persönlicher Natur zu sein, doch sie haben nichts mit unserer Ersten Person zu tun. Sobald wir bemerken, dass wir diese imaginäre Persönlichkeit nicht brauchen, um Befreiung zu finden, können wir sie einfach loslassen und unserem Leben erlauben, sich zu entfalten, ohne die Kontrolle eines illusorischen „Steuermanns". Doch das Ego ist mit einem Verstand versehen, der immer weiter Fragen stellt und alles beurteilt. Wenn wir (wer?) die Steuerfunktion aufgeben, befürchten wir, im Chaos zu leben, weil wir die Kontrolle und die Sicherheit aufgeben. Wir erkennen, dass wir ohne Hoffnung und Hilfe sein werden (57). Aber in Wirklichkeit können wir uns endlich in unser Leben verlieben, so wie es sich zeigt: Wir akzeptieren das, was ist, genau hier, genau jetzt, ohne zu wissen, was als Nächstes geschieht. Welch eine Erleichterung, einfach „loszulassen" und ohne diese innere Stimme zu leben, die alles beurteilt, was wir denken oder tun. Tony Parsons sagt: „Deshalb entspanne dich und lass alles geschehen – denn es wird ohnehin geschehen. Es ist erleichternd, diese scheinbare innere Stimme loszulassen, die dir sagt, wie du handeln oder sein solltest. Lass sie einfach jetzt los, genau hier." Während wir dieses lesen, bekommen wir vielleicht ein Gefühl von etwas, das beobachtet, wie diese Gedanken kommen und gehen. Es fühlt sich so an, als sei da etwas „Höheres im Hintergrund", das genau jetzt beobachtet, eine Art Zeuge, der nicht beurteilen, sondern *nur sehen* kann. Es handelt sich nicht um unsere innere Stimme, die zu uns spricht, keine höhere Form von Energie, sondern um eine Art leeren Raum, der völlig unberührt von allem ist, was geschieht. Dieser Raum ist nicht über uns oder außerhalb von uns, da er überall ist. Die Erfahrung dieses Raumes hat nichts damit zu tun, unseren Geist zu beruhigen und unser Ich abzutöten. DAS erkennen zu können hat nichts mit Reinigung oder Verhaltensnormen zu tun. Es geht vielmehr um die Erkenntnis dessen, was wir *sind*, und was wir sind, ist das stille, schweigende Bewusstsein, das dem Denken und seinen Aktivitäten zusieht. Was wir sind, ist also einfach *hinter* dem, was wir wahrnehmen (und auch *in* dem, was wir wahrnehmen). Diese Gegenwart ist einfach da und wartet darauf, dass wir unseren Wachtraum entlarven und den Lärm unseres Verstands bemerken. Sobald das klar wird, bekommen wir einen völlig anderen „Geschmack" von dem, was wir sind. Dann ist es überflüssig, dieses Buch zu lesen.

WER STIRBT?

> *Es gibt nur ein Licht.*
> *Es gibt nur ein Sein. (58)*
>
> TONY PARSONS

Wenn wir uns mit dem Ego, mit unserer so genannten dritten Person (Sichtweise X) identifizieren, müssen wir alle mit jener unausweichlichen Gewissheit leben, nämlich der allgemein bekannten Tatsache, dass wir bereits im Todestrakt Schlange stehen und auf unsere Hinrichtung warten. Es ist unumstößlich, dass wir sterben, es ist nur die Frage, wann. Egal wie unausweichlich unser eigener Tod ist, die entscheidende Frage ist, ob der Tod wirklich das Ende ist? Können wir die Tatsache akzeptieren, dass das Licht einfach ausgemacht wird? Wenn wir aus vergänglichem Stoff bestehen, kann es nicht anders sein: Sobald wir tot sind, ist das Spiel vorbei. Wenn das Herz aufhört zu schlagen, bleibt das Gehirn ohne Sauerstoff und recht bald danach *ist der Film zu Ende*. Dennoch haben wir das Gefühl, dass dies nicht wahr sein kann. Unser Körper besteht zwar aus vergänglichem Stoff, aber was ist mit unserem Geist oder unserer Seele? Unsere Persönlichkeit findet es schwierig, das Verschwinden zu akzeptieren und erfindet daher ein Jenseits oder Reinkarnation. Die meisten Menschen glauben an eine Seele (oder irgendeine Form feinstofflicher Energie), die den Körper transzendiert und nach seinem Tod weiterlebt. Westliche Religionen behaupten, die Seele gehe nach unserem Tod in den Himmel oder in die Hölle, doch all das basiert auf Glaubenssätzen. Es ist interessant zu sehen, wie der Verstand darauf bedacht ist, jede erdenkliche Möglichkeit zu finden, die ihn den Tod überleben lässt. So wird er verschiedene – verlockende oder bedrohliche – Szenarien erschaffen, um auf die eine oder andere Weise sein Fortbestehen zu sichern. Die Menschen scheinen sich davor zu fürchten, für immer zu verschwinden, und alles Weitere erfindet ihr Verstand. Religiöse Organisationen fördern natürlich diese Vorstellungen der Sichtweise X, indem sie Konzepte wie Heilig und Böse und Geschichten über Himmel und Hölle erschaffen. Ebenso haben auch die östlichen Religionen ihre eigenen Glaubenssätze: Reinkarnation und Karma sind ebenfalls Konzepte der Sichtweise X und fördern die Vorstellung eines getrennten Ich, das zwischen Richtig und Falsch wählen kann und für seine Entscheidung bestraft oder belohnt wird.

Die meisten Sucher erkennen nicht, dass es eins der Hauptmerkmale der Zukunft ist, dass sie immer in der Zukunft sein wird. Warum sollten wir also unsere Zeit damit verschwenden, an die Zukunft zu denken? Warum sollten wir uns über unseren Tod Sorgen machen? Warum sollten wir wissen, was bei unserem Tod passiert, ohne zu wissen, was wir *jetzt* sind? Die Lösung für das Problem, das wir mit unserer Zukunft haben, liegt in unserer Gegenwart. Wir können in diesem Augenblick feststellen, dass wir sowieso nicht inkarniert sind. Wenn wir das nicht glauben, können wir es von unserer eigenen direkten Erfahrung bestätigen lassen. Wir können dieses kleine Experiment machen, indem wir eine Minute lang unsere Augen schließen und uns die Zeit nehmen, herauszufinden, wo unsere Persönlichkeit (unsere sogenannte dritte Person) steckt. Wir versuchen, ein Ich in unserem Körper oder in unserem Geist ausfindig zu machen. Können wir es finden? Wo genau ist es? Wir wollen uns wirklich bemühen, es jetzt zu finden! Wo steckt es? ... Wir müssen zugeben, dass wir diese Person im Innern nicht finden, wir kennen sie nur als eine Vorstellung. Das haben wir bereits zuvor herausgefunden: Niemand ist zu Hause! Und was ist mit unserer Ersten Person? Können wir herausfinden, wo sie steckt? Unsere wahre Essenz kann nicht entdeckt werden, weil sie nicht sichtbar ist. Und sie lebt nicht in unserem Gehirn, sie steckte noch nie in diesem vergänglichen Körper, auch wenn die Empfindungen unseres vergänglichen Körpers regelmäßig in „Ihr" auftauchen. Die Erste Person ist das Bewusstsein, in dem all diese Bilder und Konzepte erscheinen. Es war *überall* verborgen und deshalb sehen wir es nicht.

Wir haben uns diese Frage bereits zuvor gestellt: Sind wir wirklich in dem Gefängnis unseres Körpers (Sichtweise X) eingeschlossen, oder sind wir freies, uneingeschränktes Bewusstsein (Sichtweise Y)? Wenn wir an unserem Körper herabschauen, am Rumpf, an den Armen und Beinen und konstatieren, was wir sehen – sind wir wirklich *darin* eingeschlossen? [Bitte prüft es nach!] Oder sehen wir einfach nur die Teile dieses Körpers? Wenn wir das im Sinn behalten, könnten wir sagen, wir sind bereits frei und gehen weit über unsere körperlichen Grenzen hinaus! Auch wenn wir auf unseren Körper begrenzt zu sein scheinen, wenn wir uns auf unsere Sinneswahrnehmungen verlassen, gibt es noch eine andere „Ebene", die die Einschränkungen unserer Sinne und unseres Verstands transzendiert. Auf der physischen Ebene jedoch sind wir in der Tat auf unseren Körper begrenzt. Daran besteht kein Zweifel. Wir können nicht den Schmerz eines Menschen, der neben uns sitzt, fühlen und auch nicht seine Emotionen. So funktionieren die menschlichen Sinne nun mal und so ist unser Körper-Geist-Mechanismus konzipiert und daran ist nichts verkehrt. Auf jener Ebene scheinen wir tatsächlich getrennt zu sein – das ist das Spiel der Sichtweise X, das Spiel der dritten Person. Das Spiel der Sandburg, die weiß, dass ihre Burg vergänglich ist. Erde zu Erde, Sand zu Sand. Doch wenn beispielsweise bei einem der Bewusstseinsexperimente oder bei einem plötzlichen Einbruch des Transzendenten entdeckt wird, dass wir in Wirklichkeit Bewusstsein sind, ergibt sich eine völlig neue Sichtweise des Todes. Dann können wir verstehen, dass der Sand, der da war, bevor unsere Burg entstand, nach unserem Tod nicht vergehen wird. Unsere wahre Natur ist vor, während und nach der Manifestation unseres Lebens hier. Dann ist es offensichtlich, dass „unsere" Sandkörner weiterhin da sind, wenn „unsere" Burg nicht mehr ist. Die Burg wird zwar nicht mehr ihre ursprüngliche Form haben, aber kein Sandkorn kann verloren gehen. In Wirklichkeit sind wir natürlich beides, weil sowohl die Burg als auch der Strand aus Sandkörnern besteht. Zeitlebens scheinen wir eine Sandburg zu sein (Sichtweise X); das sagen uns unsere Sinne. Doch gleichzeitig können wir „sehen", dass wir aus Sandkörnern bestehen (Sichtweise Y), und als solche sind wir nicht auf diesen bestimmten Körper und Geist beschränkt. Aus der ersten Perspektive (Sichtweise X) sind wir vergängliche und persönliche Wesen. Die zweite Perspektive (Sichtweise Y) macht es klar, dass wir zeitloser und unpersönlicher Natur sind und nicht sterben können. (59)

JENSEITS VON LEBEN UND TOD

Da ist einfach eine blitzartige Einsicht,
ohne dass ein Jemand da wäre,
der denkt, er oder sie habe es verstanden.

RAMESH BALSEKAR

Beachtlicherweise haben die Weisen allgemein gelehrt, dass mit dem Finden unserer wahren Natur die Entdeckung einhergeht, dass wir nicht der Körper sind und uns auch nicht in ihm befinden, sondern dass der Körper in „Uns" ist. Wenn wir dies selbst entdecken – und nicht bloß darüber lesen –, kann es sich so anfühlen, als ob wir uns bis zu den fernsten Gebieten des Kosmos ausdehnen, denn unser Bewusstsein ist dasselbe Bewusstsein, das jeden individuellen Verstand und alle Menschen umfasst. Nun können wir es verstehen, wenn solche Weisen sagen, dass unsere wahre Natur persönliche Bestrebungen und den Tod transzendiert. Natürlich besteht unser psychophysisches Ich darauf, eine Geschichte und eine Zukunft zu haben; es tut so, als gehe es durch einen Prozess, eine Entwicklung und seine Geschichte scheint zugegebenermaßen sehr real zu sein. Doch genau das ist die Magie des Wachtraums. Er sieht so wirklich aus und folglich ist jeder von ihm gefesselt.

Der so genannte „Letzte Beobachter" jedoch bleibt außerhalb eines solchen zeitweiligen Prozesses. Bewusstsein entschwindet bei unserem Tod nicht aus unserer Sichtweite, wir sind diejenigen, die aus Seiner Sicht entschwinden. Wenn wir im beobachtenden Gewahrsein verweilen, indem wir zusehen, wie die Konzepte von Körper und Geist vorbeiziehen, bemerken wir möglicherweise einfach ein Gefühl der Freiheit und Erleichterung, da wir uns durch keins der inneren Bilder, die wir sehen, gebunden fühlen. Wenn wir einfach in dieser ungeheuren Offenheit verweilen, stellen wir fest, dass sich der Letzte Zeuge nicht dort draußen in diesem Strom befindet; er ist die weite Offenheit, in welcher der (scheinbare) Strom erscheint. Er wurde nie geboren, und Er wird nie sterben. Und weil Er ungeboren ist, ist Er todlos. Tschuang Tse sagte:

Alles, was Form, Klang und Farbe besitzt,
kann als Gegenstand eingestuft werden.
Aber man kann Gegenstandslosigkeit erreichen
und den Tod besiegen.

Bewusstsein wurde nicht mit unserem Körper erschaffen und es wird nicht vergehen, wenn unser Körper vergeht. Es ist nicht so, dass es nach dem Tod unseres Körpers weiterlebt, sondern dass es erst gar nicht in den Kreislauf von Leben und Tod eintritt. Es lebt nicht nach dem Ableben unseres Körpers weiter, sondern *vor* unserem Körper. Es existiert nicht durch alle Zeiten hindurch, sondern ist völlig außerhalb der Zeit. Es ist einfach jenseits aller Konzepte von Raum, Zeit und logischem Denken.

Der Verstand des getrennten Ich wünscht sich durch eine Theorie vom Leben nach dem Tod die Dauerhaftigkeit der Persönlichkeit. Er kann nicht akzeptieren, dass die Persönlichkeit wie eine Blase auf der Wasseroberfläche sein wird, die eines Tages im Sein der Unendlichkeit verschwindet, das sie schon immer gewesen ist. Natürlich weiß niemand, wie es sich anfühlt, wenn wir sterben und was genau passiert, wenn wir in dieses Sein zurückfallen. Doch angesichts der Tatsache, dass wir mit der zuvor erwähnten Transparenz bereits vertraut sind, ist es durchaus möglich, dass das Erkennen der Transparenz in diesem Augenblick dasselbe ist wie die Transparenz, die uns im Tod erwartet. Douglas Harding sagt:

Dein Aussehen ist vergänglich. Ich nehme zur Kenntnis, wie du aussiehst, und es tut mir Leid, dir zu sagen, dass dieses Aussehen vergeht. Ich schaue mich um und ich kann nichts Dauerhaftes in diesem Raum sehen. Wenn ich nach draußen gehe und die Sterne betrachte, so sind auch sie vergänglich. Galaxien vergehen, von den Planeten, den Bergen, Nationen und Städten ganz zu schweigen. Jedes Ding vergeht. Aber eines vergeht nicht und das ist die Wirklichkeit, aus der die Erscheinungen hervorgehen. Das, was sich im Zentrum meines Lebens und deines Lebens befindet, vergeht nicht, weil da nichts existiert, was vergehen könnte. Im Zentrum ist nur *Bewusstsein* und *Bewusstsein* ist nicht biologisch abbaubar. Es vergeht nicht. (60)

DEMOKRATISCHE SPIRITUALITÄT

> *Du bist wie eine Luftspiegelung in der Wüste,*
> *die der Durstige für Wasser hält;*
> *doch wenn er sie erreicht,*
> *findet er … nichts.*

AL-ALAWI

Wir alle möchten glauben, dass wir unbegrenzt sind, aber das brauchen wir nicht zu *glauben*. Jene Weite, die wir sind, ist aus sich selbst heraus total erfüllt und offensichtlich. Wir müssen nur solche Vorstellungen aufgeben wie „Damals hatte ich es eine Sekunde lang, aber jetzt hab' ich's verloren" oder „Irgendwann werde ich erleuchtet" oder „Irgendwann werde ich diese Unbegrenztheit permanent erfahren." Lasst uns das von Anfang an klarstellen. Es wird nie einen Tag geben, an dem wir sagen können: „Ich habe meine unendliche Natur gefunden." Das ist ein Widerspruch in sich. Obwohl einige spirituelle Lehrer eine Tendenz haben, ihre so genannten spirituellen Erfahrungen zu etwas Persönlichem zu machen, sollten wir diese nicht beachten. Dadurch wird schnell eine Distanz und Trennung zwischen Lehrer und Devotees geschaffen. Und so wird das Spiel nicht gespielt. Wir sollten uns daran erinnern, dass es in diesem Buch um das geht, was *dasselbe* in dir, mir und jedem anderen Menschen ist, und nicht um das, was anders zu sein scheint. Wenn wir jedenfalls solchen Lehrern glauben, dann haben sie uns tatsächlich übers Ohr gehauen, egal wie heilig oder aufrichtig sie zu sein scheinen. Niemand kann jemals reines Gewahrsein erfahren. Wir sollten uns einfach daran erinnern, dass wir niemals werden sagen können: „Ich laufe in einem erwachten Zustand herum." Obwohl diese Unendlichkeit nach allen Seiten hin unbegrenzt ist, werden wir Sie nie erfahren, weil Sie das ist, was wir sind. Sie ist das, was *jeder* ist. Deshalb nennen wir den Ansatz dieses Buches demokratische Spiritualität: Wir akzeptieren keine Form von Hierarchie.

Diese Erkenntnis versetzt uns in Erstaunen, ohne dass wir uns auf einen Jemand beziehen, der eine Erfahrung hat. Dieses *Bewusstsein* ist das, was wir alle sind. Wir sind uns einfach seiner gewahr geworden, während andere es nicht zur Kenntnis zu nehmen scheinen. Wir haben es nur wieder erkannt, das ist alles. Und dann kann die natürliche Erfahrung des Seins ohne Grenzen da sein. Das bringt uns zu den grundlegenden Themen dieses Buches zurück. Das offene Geheimnis ist *überall*, es ist nicht in den heiligen Schriften verborgen, es ist nicht Menschen vorbehalten, die in einem bestimmten Bewusstseinszustand sind. Man braucht nicht in Religion oder in Ekstase nach Ihm zu suchen. Es ist im schlichten Alltag und wir müssen nicht irgendwie spirituell werden, um die Quelle des Lebens wieder zu finden. Wir können das Unendliche überall „sehen". Es geht um die Erkenntnis des Unendlichen in den gewöhnlichen Dingen. Das Spirituelle und das Mystische können wir vergessen. Wir bauchen keine heiligen Bücher, um Das zu sehen. Wie Tony Parsons sagt: „Es ist ebenso in dir oder mir, wie es im Teppich oder im Geräusch eines Autos ist, das auf der Strasse vorbei fährt." Die „Einfachheit und Gewöhnlichkeit" des Erwachens wieder zu schätzen, ist natürlich nichts Neues. Es spielt auch im Zen eine wichtige Rolle. Für Zen-Buddhisten ist sogar die Zubereitung einer Tasse Tee wie ein „heiliges Ritual". Man braucht keine Statuen von Göttern und Heiligen, keine religiösen Zeremonien oder Räucherstäbchen. Wie könnten wir es jemals durch ein Symbol ausdrücken, wenn Es doch überall ist? Nur die Abstraktion kann sich Dem nähern. Das Sehen, von dem wir in diesem Buch sprechen, übersteigt jedes intellektuelle Verstehen, jeden Glauben und jede Religion. Wir lassen die Grenzen des Intellekts und der Hingabe hinter uns und Worte und Symbole – selbst die heiligsten – können Das einfach nicht ausdrücken. Jede Form religiöser Darstellung wird überflüssig, weil „Es" unvorstellbar ist. Folglich sind alle spirituellen symbolischen Darstellungen irreführend. All die magischen Formeln und all die heiligen Bücher sind unzulänglich. Keine einzige Darstellung von „Ihm" kann „Ihm" nahe kommen, da dieser Raum jegliches Symbol oder Konzept transzendiert. Sogar solche Kunst, die sich direkt auf das Mystische oder Religiöse bezieht, ist zu speziell. Vielleicht gelingt der abstrakten Kunst der Neuzeit in einigen Fällen am ehesten eine Annäherung. (61) Amerikanische „colorfield painters" (Farbfeld-Maler) wie Mark Rothko und Barnett Newmann haben beispielsweise versucht, das Unbegrenzte in ihren großen farbigen Abstraktionen hervorzurufen (62). Wenn der Betrachter lernt, die Oberfläche des Bildes unberücksichtigt zu lassen, sodass das ganze Bild aufhört, als ein getrenntes Objekt zu existieren, kann sich sein mystischer oder spiritueller Gehalt, seine transzendente Schönheit erschließen. So kann es ein *Wegweiser* zum Unbegrenzten werden. Dennoch sollten wir erkennen, dass jeder Versuch, „Es" darzustellen, fehlschlagen muss. Der Rahmen eines abstrakten Gemäldes ist genauso Ausdruck des Unbegrenzten wie das Gemälde selbst.

Was bleibt dann überhaupt noch? Nur Einssein und vielleicht die natürliche Ahnung, ohne Grenzen zu sein. Einfach mit dem zu sein, was ist, ohne dass ein Jemand Anspruch auf DAS erhebt, ohne dass jemand versucht, ein religiöses System mit Symbolen, Regeln, Erwartungen und spirituellen Helden daraus zu machen. Diese Heimkehr zu unserem wahren Selbst ist also nicht den Heiligen vorbehalten, die wir in den Kirchen und Tempeln dargestellt sehen, sie ist für dich und mich. Niemand ist davon ausgeschlossen, denn wir *sind* DAS. Es ist so gewöhnlich, so offensichtlich, so natürlich. Wir beachten Es nur zu wenig, und die meisten von uns können nicht glauben, dass Es so einfach und offensichtlich sein kann. Und folglich erkennen wir nicht, dass *es* DAS *ist*. Jeder hat das Potential, in dieser Weite zu leben, wir alle „haben" eine erwachte Natur, aber wir schenken Ihr keine Aufmerksamkeit. Manche Lehrer sagen, wenn wir (wer?) diesem mühelosen Sein mehr Aufmerksamkeit widmen – beispielsweise indem wir unsere Wahrnehmung einfach umschalten –, dann erlauben wir unserer Aufmerksamkeit, in dieser unendlichen Leerheit zu ruhen. In dieser Leerheit liegt gleichzeitig eine Ganzheit: Alles ist unendlich, völlig so, wie es ist. Dieser unendliche Raum ist keine spirituelle Utopie, kein Paradies, sondern der gewöhnlichste Ort auf Erden: Wir können diese Unbegrenztheit gleichermaßen in dem Sonnenuntergang über dem Meer als auch in Schmerz, Misserfolg und Hässlichkeit erkennen. Nichts ist ausgeschlossen.

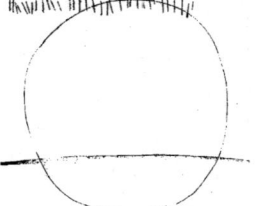

Von Illusionen zur Klarheit

Erwachen geschieht direkt, auf einfache Art
und so natürlich wie unser Atmen.
Viele werden wie zufällig eine solche Erfahrung
machen
und sich schnell wieder auf das zurückziehen,
was sie kennen und gelernt haben.
Doch es wird Menschen geben,
die sich von der Einladung angezogen fühlen ...
sie werden mit einem Mal erkennen und
bereit sein,
alles Suchen aufzugeben,
sogar das Streben nach Erleuchtung. (63)

TONY PARSONS

NIRGENDWO HINGEHEN MÜSSEN

Da draußen, jenseits der Vorstellungen
von falschem und richtigem Handeln, ist ein Ort.
Dort warte ich auf dich.

RUMI

In der Meditation gibt es Augenblicke, in denen scheinbar keine Person mehr da ist, sondern einfach eine weite offene „Nichtheit", die sich sehr friedlich und lebendig anfühlt. Solche Zeugnisse der Transzendenz finden wir in allen spirituellen Traditionen, doch wenn die Sucher die Meditation beenden und dann wieder zu ihrem alltäglichen Leben „zurückkehren", scheint jener Raum inneren Friedens verschwunden zu sein. Daraus schließen sie, dass sie ihn zuvor zwar „gefunden" haben, doch sie sind gleichzeitig frustriert, weil sie ihn anscheinend „verloren haben", wenn keine Glückseligkeit mehr da ist. Dieser innere Kampf wird so lange andauern, bis der Sucher einsieht, dass das Unendliche *überall* zugänglich ist, selbst wenn man nicht meditiert. (64)

Diese ungeteilte Gegenwart ist in jeder Situation verfügbar und wenn man sie das erste Mal erkennt, scheint sie tatsächlich sehr intensiv, glückselig oder friedvoll zu sein: Das erste Erkennen ist manchmal sehr spektakulär. Der gute Aspekt dieses Ereignisses ist, dass dem Sucher eine direkte Erkenntnis dessen, „was ist", zuteil wird. So eine Erfahrung kann viele Konditionierungen auflösen und das lässt sich nicht durch die Lektüre eines Buches erreichen. Doch die Gefahr ist, dass der Sucher dieses Ereignis zu etwas Persönlichem macht und sagt: „Am 1. April habe ich das Unbegrenzte erfahren" oder „Ich habe meine göttliche Natur entdeckt und jetzt bin ich ein spiritueller Lehrer." Der Sucher meint, er sei nun ein „Findender" geworden und er erkennt nicht, dass er oder sie wieder in einem persönlichen Spiel gelandet ist. Er glaubt seiner inneren Stimme, die sagt: „Ich habe die Unbegrenztheit gefunden, aber die anderen suchen noch nach ihr."

Wenn wir verstehen, dass unsere innere Natur nicht auf unser persönliches Leben begrenzt, sondern allumfassend ist, entdecken wir ein *Sein*, das nicht von bestimmten Umständen oder von einem besonderen Geisteszustand abhängig ist. Wenn wir erkennen, dass das, was wir sind, klares Gewahrsein ist, entdecken wir eine Gegenwärtigkeit wieder, die unabhängig von unseren persönlichen Umständen ist. Das ist keine Erfüllung, die von unseren Gefühlen oder Gedanken abhängt, es ist einfach „das, was ist". Nathan Gill sagt:

Wenn du nicht länger ernsthaft die ganze konzipierte Geschichte eines Lebens nährst, das sich in Gedanken über den momentanen Bewusstseinsinhalt hinaus ausdehnt, dann wird dieses vermeintliche Leben als das gesehen, was es ist, und hört auf, der ausschließliche Fokus der Aufmerksamkeit zu sein. (65)

Wenn wir erkennen, dass alles, was wir „brauchen", genau jetzt bei uns ist und wir den vollen Zugang dazu haben, ohne irgendwie ein besonderer oder spiritueller Mensch zu werden, können wir die spirituelle Suche aufgeben. Die ganzen Bemühungen, die ganze Verfolgungsjagd und die ganze Suche außerhalb unserer selbst wird „dem Sucher in uns" keine wahre Erfüllung oder völlige Befreiung schenken. „Es" ist keine Belohnung, die wir am Ende der Reise erhalten. Wir alle sehnen uns nach bedingungsloser Liebe, wir alle haben die Gewissheit, dass uns die Verbundenheit mit dem Unbegrenzten zusteht. Wir alle scheinen unseren ursprünglichen Zustand zu vermissen und diejenigen, die „ihn" einmal kurz erfahren haben, möchten ihn verzweifelt wiedererlangen. Das Problem ist, dass wir dabei leicht in der falschen Richtung suchen. Wie wir bereits öfter sagten, suchen die meisten Menschen nach einer höheren Energie, sie möchten ein spirituelles Leitbild nachahmen, sie hoffen, einen besonderen göttlichen Zustand zusammen mit übernatürlichen Fähigkeiten zu erlangen, um spirituelle Befreiung zu finden. Und viele Sucher sind davon überzeugt, sie müssten gereinigt werden, um würdig für Das zu werden. All diese Glaubenssätze festigen unsere Persönlichkeit, die nach (persönlichem) spirituellem Wachstum sucht und die so genannte große Meister nachahmt, die behaupten, sie hätten Es selbst durch Gnade oder durch jahrzehntelange Disziplin gefunden. Andere Lehrer glauben, Es von ihrem eigenen Lehrer „empfangen" zu haben, und raten ihren eigenen Anhängern, auf dieselbe Übertragung der Flamme zu hoffen. Und die Schüler glauben, es sei durchaus möglich, dieselbe spirituelle Ebene wie der Meister zu erreichen, wenn sie nur in seiner Nähe bleiben, ihm all ihre Hingabe entgegenbringen, sich genauso verhalten wie ihr Lehrer oder zumindest das tun, was ihr spirituelles Leitbild von ihnen verlangt (ihre Ernährung ändern, einen neuen Namen annehmen, gemäß den Regeln der jeweiligen spirituellen Organisation leben und so weiter). Und während diese Sucher alle verzweifelt nach jenem Geschmack des Einsseins suchen, werden sie leicht irregeführt. Sie erkennen nicht, dass das spirituelle Spiel zu etwas Persönlichem gemacht wird. Sie hatten eine transzendentale Erfahrung und von dem Zeitpunkt an sind sie sehr verletzlich, weil sie dieses Gefühl des Friedens und der Einheit wiederhaben möchten und insgeheim hoffen, immer in Glückseligkeit zu sein, indem sie die Regeln jener religiösen Lehre befolgen. Sie möchten, mit anderen Worten, den Berg der Spiritualität so lange erklimmen, bis sie den Gipfel erreichen. Sie glauben, dass ihr Meister bereits auf dem Gipfel ist, aber sie erkennen nicht, dass Bewusstsein keine Hierarchie kennt. Das Unendliche sieht niemanden „höher" an als jemand anderen. Bewusstsein schätzt einen Moment der Glückseligkeit nicht mehr als einen Moment des Schmerzes. Wenn alles *eine* Energie ist, wie könnte es auch eine Rolle spielen?

Folglich ist es nutzlos, den Regeln einer spirituellen Schule zu folgen, und irreführend, spirituelle Leitbilder nachahmen zu wollen. Unsere Suche nach spiritueller Autorität ist tatsächlich eine Vermeidung der Herausforderung, die das tägliche Leben uns stellt (66). Warum brauchen wir einen Guru oder Lehrer, um unser Leben zu leben, wenn wir erkennen, dass es nichts zu „erlangen" gibt? Wie kann uns jemand *anders* zeigen, was *wir* sind? Gurus und Lehrer können uns nur sagen, was *wir nicht sind*, und für diese Entdeckung können sie wichtige Katalysatoren sein. Aber niemand kann uns sagen, was wir wirklich sind. Egal was die spirituellen Autoritäten für sich beanspruchen, egal was ihre Anhänger behaupten, egal wie wichtig einige Lehrer sein mögen, all das ist sehr irreführend, solange wir die spirituelle Suche als etwas Persönliches auffassen. Dann wird all das zu einem Spiel des Verstands. Die mystische Literatur des Orients hat die so genannten spirituellen Sucher angeregt, ekstatische Gipfelerfahrungen für sich zu erwarten, da diese Bücher voller Geschichten über besondere Menschen (Avatare, Bodhisattvas und so weiter) sind, die angeblich ständig in einem höheren Zustand sind. Vielleicht sind einige Gurus wirklich in irgendeinem exotischen höheren Zustand, aber spielt das wirklich eine Rolle? Geht es bei dieser Suche darum, die Zustände anderer Menschen auszuwerten? Was für einen Sinn macht es, zu vergleichen? Wo sind die Grenzen? Wer ist getrennt von wem? Und wenn Bewusstsein *eins* ist, wo sind die so genannten „anderen"? Wie Nathan Gill sagt: „Wenn alles Bewusstsein ist, warum suchst du noch?" (67) Letztlich ist nichts verkehrt an all diesen spirituellen Wegen, die Erwartungen und Frustrationen bei den spirituellen Suchern hervorrufen. Wir möchten all diese spirituellen Glaubenssätze nicht verurteilen, wir verurteilen nicht einmal die Lehrer, die ihre Anhänger in die Irre führen. Es ist einfach das Spiel spiritueller Suche. Es ist nicht das Anliegen dieses Buches, eine bestimmte mystische Tradition oder einen spirituellen Weg nachzuahmen. Die Überlegungen dieses Buches sollen uns dazu einladen, eine andere Möglichkeit zu entdecken, die einfach, direkt und unabhängig von irgendeiner Religion oder irgendeinem Lehrer ist. Selbst wenn uns all diese spirituellen Lehrer und mystischen Traditionen sehr inspiriert haben, erkennen wir, dass es keinen Jemand gibt, der erleuchtet werden kann, keine Person, die zu befreien wäre. Wir sind uns bewusst, dass alles Nachahmen und Vergleichen nutzlos ist. Haben wir dies einmal erkannt, verschwinden alle oben erwähnten Dilemmas im Handumdrehen.

ES GIBT KEINE REGELN

Bewusstsein ist einfach und du bist Das.
Es hat nichts mit einer großen Opferleistung
oder mit Intelligenz zu tun.
Du bist bereits Das. (68)

TONY PARSONS

Wenn wir beginnen, das unbegrenzte Bewusstsein in unserem täglichen Leben zu entdecken, glauben wir, wir könnten es erlernen, wie man dieses reine Bewusstsein sein kann. Aber ist dieser Versuch nicht ebenso lächerlich wie die Frage, wie der Regen es lernt zu regnen? Wie lernt die Sonne es zu scheinen? Was muss das Wasser machen, um nass zu werden? Wie wir bereits erklärt haben, sind wir bereits all das, was wir suchen. Wenn unsere grundlegende Natur reines Bewusstsein ist, bedeutet das, wir sind unbegrenzt, allgegenwärtig und unpersönlich.

Insofern gibt es nichts für uns zu tun, nichts Bestimmtes, von dem wir uns befreien müssen, nichts Spirituelles, über das wir meditieren müssen. Solange wir an die Persönlichkeit glauben, meinen wir, wir könnten diese Persönlichkeit irgendwie zu etwas Besserem „verändern". Wenn wir versuchen, durch bestimmte Meditationstechniken entspannter oder spiritueller zu werden, so mag das auf einer oberflächlichen Ebene interessant sein [und auf jener Ebene ist daran nichts verkehrt!], doch hat es im Hinblick auf Befreiung absolut keinen Wert. Alle spirituellen Techniken können, wie gesagt, Werkzeuge des Ego werden – egal, wie subtil sie sind – und sie können nur auf der ich-identifizierten Ebene wirksam sein. Sie können uns ein friedliches Ego bescheren, aber was soll's? Wir können es mit einer Frau vergleichen, die noch attraktiver aussehen will, indem sie Make-up *auf den Spiegel* aufträgt. Mit anderen Worten, es ist völlig sinnlos. Wenn wir das verstehen, bleibt nichts mehr zu tun, kein Ort, wohin wir gehen können. Einige Autoren sagen, wenn wir es wagen, unsere Konzepte über unsere spirituelle Suche bedingungslos aufzugeben, würde nur noch Offenheit bleiben und das Verstehen, dass keinerlei Grund dazu besteht, anders zu werden als das, was wir gerade sind. Justus Kramer Schippers sagt: „Es ist so, wie es ist, es kann nicht anders sein, und das zu erkennen, reicht aus." (69)

Wenn wir einsehen, dass jede spirituelle Bemühung aus dem Ich kommt, verstehen wir die Kühnheit mancher spiritueller Lehrer, die sagen, spirituelle Techniken seien unerheblich. Angesichts dieser Überlegungen ist die Nutzlosigkeit irgendeines spirituellen Weges offensichtlich. Wir sehen, dass all die heiligen Schriften und all diese religiösen Regeln nur den Wert besitzen, den spirituellen Ehrgeiz des Ego zu befriedigen. Dieses Verstehen hinterlässt möglicherweise Verwirrung und Hilflosigkeit in uns, doch es ist auch ein Tor zur völligen Freiheit. Es gibt keine Regeln mehr und insofern ist die Bedeutungslosigkeit der religiösen Traditionen nicht wirklich ein Problem.

Alle Bemühungen, die wir machen, um zur Befreiung zu gelangen, sind so, als würden wir Make-up auf unser Gesicht im Spiegel auftragen. Vielleicht wird dieses Spiegelbild dadurch am Schluss ganz nett, aber was macht das für einen Sinn? Verändert das unser Ursprüngliches Gesicht? Geht es in diesem Buch nur darum, ein hübscheres Ich zu bekommen? Ist das der Weg, der uns zur Ewigkeit bringen wird? Der christliche Mystiker Meister Eckhart aus Deutschland (1260-1328) sagte:

> Denn wer immer Gott sucht in einer bestimmten Weise, der nimmt die Weise und lässt Gott, der in der Weise verborgen ist. Aber wer Gott sucht ohne Weise, der nimmt Ihn, so wie Er in sich selber ist ... und Er ist das Leben selber.

Wenn wir dies erkennen, heißt das, wir müssen alle spirituellen Übungen loslassen und alle Therapien und Bücher sind falsch? Heißt das, wir sollten Yoga und Meditation abschreiben, und alle religiösen Systeme sind Ablenkung? Auf diese Frage gibt es keine Antwort, da es ohnehin kein Richtig oder Falsch gibt und sowohl Religion als auch Meditation stimmig sein können, genauso wie alles andere stimmig ist. Es ist also nichts obligatorisch und nichts verboten. Es gibt einfach keine Regeln. Selbst wenn wir sagen, manche Menschen benötigen Meditation oder spirituelle Übungen, um – eines Tages – „offener" für das nackte Gewahrsein zu werden, was ist der Wert einer solchen Aussage, wenn wir erkennen, dass *zukünftige* Zeit eine Illusion ist? Und ist folglich auch diese Befreiung eine Illusion?

Die Suche aufgeben

Wenn wir Gegenwärtigkeit zulassen,
wählen wir allerdings eine Art von Tod.
Was stirbt, sind unsere Erwartungen, unsere Bewertungen
und unser Bemühen, jemand zu werden. (70)

Tony Parsons

Solange wir leben, ist unser Körper aber noch da, und das „Sehen" findet in Beziehung zu diesem bestimmten Körper-Verstand statt. Doch das bedeutet nicht, dass dieses Sehen von diesem Körper abhängt. Es wird also zeitlebens eine gewisse Identifikation mit unserem Körper-Verstand-Mechanismus bleiben und daran ist nichts verkehrt. Beispielsweise werden sich weiterhin unsere persönlichen Vorlieben ausdrücken. Doch gleichzeitig existiert ein „Wissen" – ein Wissen, das nicht vom Verstand kommt – eine Art „Sehen", das durch all dies hindurchscheint. Dieses Wissen ist wie ein Hintergrund, der leise flüstert: „Dieser Körper-Verstand-Mechanismus hat zwar persönliche Eigenschaften, doch er ist nicht das, was ich bin." Und was passiert, wenn wir dies „sehen"? Die natürlichen Instinkte der Selbsterhaltung werden nicht verschwinden, wenn wir unsere wahre Natur sehen. All die praktischen Sorgen um die Ernährung und die Annehmlichkeit des Körpers, all die Konzepte des Sorgetragens für uns selbst und unsere Mitmenschen werden weiterbestehen. Was sich jedoch verändert, ist die richtende Stimme in unserm Innern. Wir können einfach so sein, wie wir sind, „offen" für das, was ist, und wir erfahren das Leben so, wie es sich zeigt. Schließlich werden die Konzepte einer persönlichen Erleuchtung völlig ihre Bedeutung verlieren.

Wenn sich der spirituelle Sucher vorstellt, er oder sie würde irgendwann den ichfreien Zustand erlangen, was würde dann geschehen? Wer würde diese Erleuchtung erfahren? (71) Erwartet er ein Gefühl übermächtiger Freude, eine unglaubliche Erfahrung göttlichen Lichts? Viele Sucher hoffen innerlich, sie würden irgendwann Nirvana erfahren und dann für immer befreit sein. All das ist natürlich nicht möglich, obwohl es in den östlichen Schriften über Befreiung oft so dargestellt wird. Eine *Person*, die Erleuchtung erlangt, ist ein Widerspruch an sich. Solange eine *Person* existiert, solange ein Konzept davon existiert, eines Tages befreit zu sein, solange wir an irgendeinem göttlichen Zustand festhalten, befindet sich eine Person, wie gesagt, inmitten eines Netzwerks von Konzepten. Und worauf wir uns hier beziehen, ist *frei von Konzepten*.

Wenn wir erkennen, dass alle Abgrenzungen auf der kosmischen Leinwand nur Täuschung sind, wissen wir auch, dass *individuelle* Erleuchtung ein Ding der Unmöglichkeit ist, weil kein getrenntes Wesen existiert, das erleuchtet werden könnte. Solange der Sucher als persönlicher Zeuge seines eigenen Erwachens zu dieser Wirklichkeit weiter existieren möchte, ist er nicht imstande, dieses Bewusstsein zu sehen. Ein Sucher kann niemals ein Finder werden, da der Findende als Erstes verschwinden muss. Wir sehen also, dass das (offene) Geheimnis der Entdeckung unserer wahren Natur nirgendwo in der Zukunft oder in einem weit entfernten exotischen Land liegt. Es ist genau hier, genau jetzt verfügbar. Wir müssen nur unsere vorgefassten Konzepte und Glaubenssätze hinter uns lassen und uns selbst vergessen, während wir den gegenwärtigen Augenblick umarmen. Was wir tun oder fühlen, ist nicht wichtig; die Hauptsache ist, dass wir das Unbegrenzte im täglichen Leben erkennen. Was bleibt, ist einzig ein göttliches Umarmen all dessen, was sich zeigt. Es ist so einfach wie Atmen; es bedarf keiner Person, die verkündet: „Jetzt atme ich ein und jetzt atme ich aus." Genauso gibt es nichts, was wir tun müssen, um „das zu sein, was wir sind". Es ist, wie gesagt, nicht notwendig, auf irgendeine Weise besonders oder spirituell zu sein, man braucht keine andere Kleidung zu tragen, den Namen, die Ernährung, den Beruf oder die Stellung in der Gesellschaft zu verändern. Wenn wir glauben, wir müssten unseren Lebensstil verändern, wird diese Idee nur unsere Persönlichkeit untermauern, ihr fälschliches Gefühl der Trennung fördern und unseren spirituellen Materialismus begünstigen.

Wenn die Suche aufhört, löst sich auch der Glaube „Ich sollte anders sein" auf. Das innere Teufelchen, das uns davon überzeugen möchte, wir seien der Befreiung nicht würdig und unsere individuelle Art, in der wir unsere Menschlichkeit ausdrücken, sei nicht gut genug, schweigt endlich. Klarheit herrscht, dass jeder und alles so ist, wie es ist. Und dieses Verstehen wird nun zugelassen.

TRANSZENDENTE EREIGNISSE

Heb den Stein hoch und du wirst mich finden;
spalte das Holz und ich bin da.

JESUS

Viele Menschen berichten über mystische Erfahrungen, die ihr Leben zutiefst verändert haben. In jenen Momenten der Offenheit verstummten plötzlich all ihre Fragen. Bei einigen geschah dies in der Gegenwart ihres Meisters, andere erfuhren Es, als sie in die Schönheit der Natur vertieft waren und wieder andere in der Meditation. Worin liegt der Wert all dessen? Stellt es einen entscheidenden Schritt zur Befreiung dar, solche Erfahrungen zu haben? Freilich scheinen Yoga und Meditation unser Bewusstsein zu verändern, doch wir sollten erkennen, dass sie nur unsere Wahrnehmung verändern und nicht DAS, was wahrnimmt. Wenn wir uns beispielsweise nach innen ausrichten (durch spirituelle Techniken), meinen wir, unser Bewusstsein sei „höher" und da man „das Erlangen eines höheren Bewusstseinszustands" oft als das Ziel solcher spirituellen Disziplinen definiert, wird alles, was diesem Ziel dient, als spirituell und wichtig für den Sucher erachtet. Aber das ist ein Prozess, der unendlich weitergehen kann. Nach jedem „höheren Bewusstseinszustand" wartet bereits der nächste, der noch höher, tiefer oder geheimnisvoller ist.

Das Problem mit spirituellen Techniken und metaphysischem Wissen besteht darin, dass die Menschen meinen, dies seien positive Anzeichen für ihr spirituelles Wachstum. Das Ego schätzt dieses Bild sehr, doch in Wirklichkeit gibt es niemanden, der „wachsen" könnte, niemanden, der „mehr von dem werden könnte, was er bereits ist". All dieses Wissen und all diese Fähigkeiten stellen für den spirituellen Sucher oft eine sehr anziehende Ablenkung auf dem Weg dar und der Sucher haftet leicht an seinem Fortschritt oder beginnt, sich aufgrund seiner „spirituellen Ebene" überlegen zu fühlen. So ein elitäres Verhalten hat nichts mit der demokratischen Spiritualität zu tun, um die es in diesem Buch geht.

Wenn wir uns auf so ein Ziel wie „höhere Bewusstseinszustände erreichen" fixieren, stellen wir uns Bewusstsein als etwas vor, was wir steuern könnten. Wir denken, es sei etwas Persönliches, was verbessert werden könnte, etwas, das jedes Mal, wenn wir eine mystische Erfahrung machen oder eine neue spirituelle Einsicht haben, näher rückt. Es ist der Traum der Welle, die eines Tages hofft, der Pazifische Ozean zu werden, ohne zu wissen, dass Ozean und Welle gleichermaßen Wasser sind. Solche Glaubenssätze verwickeln uns immer weiter im Kreislauf persönlicher Erfahrungen: Wir fühlen uns glücklich, wenn wir eine Gipfelerfahrung haben, und deprimiert, wenn sie vorbei ist. Selbst wenn das für den „fortgeschrittenen Sucher" sehr anziehend ist, hat ein solcher spiritueller Materialismus nichts mit der Befreiung zu tun, von der wir in diesem Buch sprechen.

Worin liegt also der Wert transzendentaler Erfahrungen? Sind sie Eintrittskarten zum Paradies? Sind sie eine Vorschau auf die Befreiung? Und was ist ihre Verbindung zum reinen Sein? Nathan Gill (72) äußert sich dazu sehr klar; er sagt, ein bestimmtes Ereignis komme und gehe auch wieder und es vermittle uns vielleicht auch eine direkte Einsicht in „das, was ist", doch er ist sich auch dessen bewusst, dass es noch ein Ereignis ist, egal wie glückselig es war. Ein transzendentes Ereignis kann eine Sekunde oder eine Minute dauern, vielleicht tritt es sogar jeden Tag auf, doch es ist keine Fahrkarte zur Erleuchtung. Es ist kein unentbehrlicher Schritt für den spirituellen Sucher, obwohl es viel Klarheit in unsere Suche bringen kann. Viele Menschen sagen, dass ihnen ein solches Ereignis etwas klar gemacht hat, was sie vorher nie verstanden. Nach so einem Einbruch der Transzendenz scheinen sie zu „wissen", worum es geht oder zumindest zu sehen, worauf andere hinweisen. Die ganze Sache wird klar. Insofern *können* diese Ereignisse wichtig für den Sucher sein. Sie können einige – wenn nicht sogar alle – falsche Vorstellungen und Glaubenssätze löschen, aber sie sind nicht zwingend erforderlich, um unsere wahre Natur zu erkennen. Und es liegt die Gefahr darin, dass wir diese Ereignisse für uns festhalten wollen, wir sind enttäuscht, wenn sie vorbei sind oder frustriert, wenn wir solche transzendentalen Ereignisse in unserem Leben nie erfahren haben. All diese persönlichen Spiele sind nur Werkzeuge für das Ego, mit denen es seine eigene Vernichtung aufschieben will.

Auch wenn viele Sucher berichten, dass ihnen die Einbrüche der Transzendenz in ihrem Leben klar gemacht haben, worum „Es" geht, besteht auch die Gefahr, dass das Ego wieder die Hauptrolle beanspruchen will. Diese subtile Vermeidung, den Sucher seiner Masken zu entkleiden, wird für gewöhnlich nicht als solche durchschaut. Obwohl mystische Ereignisse neue Einsichten in das spirituelle Gebiet vermitteln können, sind sie möglicherweise auch verwirrend. Das gilt für einige spirituelle Sucher ebenso wie für Lehrer. Einige von ihnen scheinen wichtige Transzendenzerfahrungen gemacht zu haben, *ohne* das ausreichende Verständnis und die entsprechende Klarheit zu besitzen. Wenn diese Menschen dann „die Botschaft verbreiten", um anderen bei ihrer Suche zu helfen, kann dies in die Irre führen. Manchmal präsentieren diese Leher ihr eigenes Erwachen dann als den Standard oder kopieren die Philosophie ihres Lehrers. Ihre so genannten mystischen Erfahrungen werden als das Wichtigste hervorgehoben und die transzendentalen Ereignisse, die ihnen widerfahren, werden auf sehr subtile Weise zu etwas Persönlichem gemacht. Solche Lehren sind sehr anziehend für spirituelle Sucher, die das Ende der spirituellen Suche aufschieben wollen. Sie sind ihrer Natur nach noch dualistisch – auch wenn dies meistens nicht erkannt wird. Und selbst dieser ganze Prozess (einerseits verzweifelt nach Ihm zu suchen und andererseits uns selbst zu täuschen) ist ein Ausdruck des Unbegrenzten. So spielt Bewusstsein Verstecken. Letzlich spielt es also nicht wirklich eine Rolle.

NIEMAND ZU HAUSE?

Für wen auch immer man sich hält,
beim Erwachen verschwindet dieser Jemand. (73)

ROBERT RABBIN

Das nächste Experiment ist etwas ungewöhnlich. Auch wenn der Gedanke unserem gesunden Menschenverstand zunächst völlig widerspricht, wollen wir wirklich noch mal schauen, ob in unserem Körper eine Person existiert. Wir werden also gebeten, selbst zu überprüfen, ob wirklich jemand in unserem Körper lebt. Wenn wir unsere Augen einige Sekunden lang schließen, können wir leicht unseren Namen und unseren Charakter vergessen. Wie wir bereits sagten, können wir verstehen, dass das Konzept, eine Person mit einem bestimmten Namen und Eigenschaften zu sein, nicht mehr als ein Konzept ist, das in unserem Bewusstsein erscheint. Es ist, mit anderen Worten, eine Erscheinung, eine Vorstellung, die kommt und geht, genauso wie alle anderen Vorstellungen, die kommen und gehen. Offensichtlich wäre es lächerlich zu behaupten, dass das, was wir wirklich sind, diese Vorstellung ist – obwohl es das ist, was jeder die ganze Zeit macht. Wir sind doch viel mehr als ein bloßes Konzept, oder nicht?

Das, was wir sind, ist das Gewahrsein, das das Erscheinen all dieser Vorstellungen überhaupt ermöglicht. So behaupten es jedenfalls die spirituellen Lehrer. Der gesunde Menschenverstand (Sichtweise X) beharrt jedoch darauf, dass wir eine Person sind. Was ist dann die Wahrheit? Können wir wirklich eine permanente „Person" irgendwo in uns entdecken, einen kleinen Mann oder eine kleine Frau in unserem Gehirn? Gibt es eine kleine Person in der Sandburg? Wo lebt das Ego? Im Schädel? In der Brust? Im Bauch? Wir wollen noch mal ernsthaft hinschauen. Wir können doch zur Kenntnis nehmen, dass es allen momentanen Anhaltspunkten zufolge nicht wichtig ist, *wer* wir sind, sondern *dass wir sind*. Wenn wir die Sichtweise X vergessen, werden wir feststellen, dass niemand da ist. Es gibt den Prozess des Sehens, ja, es gibt verschiedene Dinge, die wir zur Kenntnis nehmen können (auch Bilder unserer selbst), doch das bedeutet nicht, dass diese Bilder das darstellen, was wir sind.

Die Tatsache, dass wir das Ego (oder Teile von ihm) erfahren können, bedeutet nicht, dass unser Ego die Rolle des Sehers beanspruchen kann. Warum können wir das so sagen? Nun, die Persönlichkeit selbst ist ein Teil des Bildes und als solcher nicht der Seher selbst. Das Ego kann nie der Seher sein. Ein Objekt kann nie das Subjekt sein. Und folglich kann die Persönlichkeit nie den letzten Zeugen sehen, ebenso wie eine Welle nicht den Ozean sehen kann. Was also bei einem Seh-Experiment oder einem transzendentalen Ereignis passiert, ist einfach, dass das Subjekt Sich Selbst sieht! Das bezeichnen wir in diesem Buch als „klares Sehen". Die Persönlichkeit ist nur ein Teil des Bildes, das bezeugt wird, doch sie ist nicht der Zeuge. Das Ego ist es gewohnt, den zentralen Platz für sich zu beanspruchen. Mit anderen Worten ist die Persönlichkeit nur eins der Objekte, aber nicht das Subjekt. Für einige mag es sich, wie gesagt, unangenehm anfühlen, die Leere im Zentrum zu sehen. Das ist einer der Gründe, warum diese „Philosophie" sich niemals verbreiten wird. Nur wer wirklich die Wahrheit erfahren will, ist daran interssiert. Wer möchte schon Herr oder Frau Niemand sein? Die Entdeckung, wer wir wirklich sind, kann sich so anfühlen, als würden wir verschwinden. Das Zentrum des Gewahrseins zu sehen, kann sich anfühlen, als ob unsere Persönlichkeit vernichtet würde, da es wie eine Art Tod für das Ego aussieht. Als Person schwinden wir in der Tat, ohne dass im Zentrum irgendetwas übrig bleibt. Doch gleichzeitig gewinnen wir alles, weil nichts ausgeschlossen ist. Dann sind wir (als Bewusstsein, nicht als eine Person!) Raum ohne Grenzen. Dann herrscht wirkliche (unpersönliche!) Freiheit.

DER GEIST IM SEE

Jeder Mensch ist im Bann eines Geistes
bis zu jener Stunde, in der sein Menschsein erwacht
und seinen Geist im See versenkt.

WILLIAM BLAKE

Wir sagten, dass unser Körper eine Ansammlung von Wahrnehmungen, Empfindungen und Konzepten ist, die von unserer Erinnerung zusammengehalten wird. Das, was wir wirklich sind, ist der Letzte Zeuge all dieser mentalen Bilder. Aus dieser Perspektive ist auch der Körper ein Bild, ein mentales Objekt. Auch der Verstand selbst ist ein Objekt, aber der Letzte Zeuge kann nicht wahrgenommen werden, denn das würde einen weiteren Wahrnehmenden erfordern. Wenn wir sehen, dass wir im Grunde keine Erscheinung sind (kein Körper, kein Verstand), sondern der Raum für alles Geschehende, so wird dies oft als ein Wiedererwachen zu unserer ursprünglichen Natur beschrieben. Das bedeutet nicht, dass wir aufhören müssen, logisch zu denken, oder dass wir die Talente unserer Persönlichkeit vernachlässigen sollten. Diese „Heimkehr" zwingt uns nicht dazu, unseren Lebensstil zu verändern: Wir müssen in keiner Weise anders werden. Das Erwachen zu dieser klaren Sicht lässt uns unser Leben wie zuvor leben. Wir werden nicht irgendwie besonders, wir werden nicht Heilige oder vollkommene Menschen werden. Nichts verändert sich! Daher wird niemand etwas davon merken, wir werden – für die anderen – keine medialen Fähigkeiten entwickeln oder heilig werden, doch aus unserer Sicht [wenn wir überhaupt noch von einer Spur eines persönlichen Gesichtspunkts ausgehen können], *hat sich alles verändert.* Wir erkennen zum Beispiel, dass die Persönlichkeit nur ein Spiel spielt und dass dieses Spiel nur ein Teil des großen Spiels unserer Ersten Person ist. Wir erwachen aus unserem Traum und erkennen die Rolle, die wir spielen. Dieses Gewahrsein transzendiert die Auffassung, eine begrenzte Identität zu sein, sie bildet den Hintergrund, in dem dieses Sein direkt und unmittelbar zugänglich ist.

Es gibt eine berühmte Zen-Geschichte, welche die Erkenntnis aus der Sicht der Ersten Person sehr treffend veranschaulicht (74). Es ist die Geschichte von zehn Mönchen, die ihr

Ursprüngliches Gesicht erkennen, während sie ihr Spiegelbild im Wasser eines Teiches betrachten. Die zehn Mönche hatten ihr Kloster verlassen und reisten gemeinsam auf der Suche nach Erleuchtung von einem Meister zum nächsten. Als sie einen Fluss überquerten, brachte die heftige Strömung die Gruppe auseinander. Da niemand von ihnen schwimmen konnte, hatten sie alle Angst, dass jemand ertrinken würde. Nachdem sie schließlich das andere Ufer erreichten, scharten sich die zehn Mönche wieder zusammen. Ihr Anführer zählte die anderen sofort durch, um sich zu vergewissern, dass alle sicher hinübergekommen waren. Unglücklicherweise konnte der Mönch nur neun Brüder zählen, da er sich selbst überging. Dann begann ein zweiter Mönch, ebenfalls zu zählen, doch auch er kam nur auf neun seiner Freunde anstatt zehn, denn er beging denselben Fehler, sich selbst zu übergehen. So zählte jeder die anderen einmal durch und jeder konnte nur neun Brüder zählen. Daraus schlossen alle, dass einer von ihnen im Fluss ertrunken sein musste und sie begannen, den Tod ihres ertrunkenen Bruders zu beklagen. Ein Reisender, der auf dem Weg zur nächsten Stadt war, fragte nach dem Grund ihrer Klage. Da erzählten sie ihm, ein Bruder sei ertrunken. Doch der Reisende zählte sie selbst durch und versicherte ihnen, dass alle zehn Mönche da wären [Sichtweise der dritten Person]. Die Mönche glaubten ihm aber nicht. Jeder zählte noch einmal und kam nur auf neun. Als der Reisende erkannte, dass er sie nicht davon überzeugen konnte, dass sie noch zehn waren anstatt neun, kapitulierte er. Seiner Meinung nach waren sie verrückt geworden und er drehte ihnen den Rücken und ging weiter seines Weges.

Da verließ ein Mönch die Gruppe und ging zu einem Teich unweit des Flusses, um sein Gesicht zu waschen. Als er sich über den Felsen an jenem kleinen Teich neigte, sah er ein menschliches Gesicht. Er erkannte es nicht als sein eigenes Spiegelbild, sondern meinte, er habe jemanden am Grund des Teichs erblickt. Da glaubte er, er hätte seinen ertrunkenen Bruder wiederentdeckt, machte sich eilends auf den Weg zurück zu seinen Mitbrüdern und verkündete, er habe ihren armen, ertrunkenen Bruder wiedergefunden. Einer nach dem andern gingen alle zu jenem Felsen, neigten sich darüber und blickten tief in den Teich hinab. Als alle Menschen ihren armen, ertrunkenen Bruder gesehen hatten (in Wirklichkeit sahen sie ja die Spiegelung ihres eigenen Gesichts), hielten sie einen Trauergottesdienst zu seinem Gedenken ab. Unterdessen kam jener Reisende auf dem Rückweg von der Stadt wieder an ihnen vorbei und fragte nach, was sie da täten. Als man ihm sagte, ein Mönch sei gestorben, versuchte er ihnen zu erklären, dass jeder seinen eigenen Tod gefeiert hätte, nachdem er die Spiegelung seines eigenen Gesichts im Teich gesehen hätte.

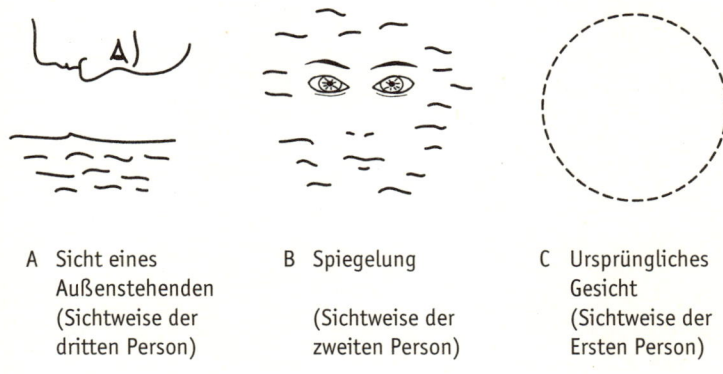

A Sicht eines
   Außenstehenden
   (Sichtweise der
   dritten Person)

B Spiegelung

   (Sichtweise der
   zweiten Person)

C Ursprüngliches
   Gesicht
   (Sichtweise der
   Ersten Person)

Er sagte zu den Mönchen, sie alle hätten in Wirklichkeit ihren *eigenen* Tod im Teich gespiegelt gesehen gesehen, das Ende ihrer eigenen Erscheinung. Da fiel der Groschen. Jeder erkannte, dass er seine Erscheinung im Wasser gesehen hatte und begriff den Unterschied zwischen der Spiegelung des eigenen Gesichts im Teich (der zweiten Person) und dem Ursprünglichen Gesicht (der Ersten Person). Obwohl ihre zweite Person scheinbar tot war, lebte ihre Erste Person und wurde nun zur Kenntnis genommen. Die Geschichte erzählt, jeder Mönch sei nach dieser Einsicht sofort erwacht.

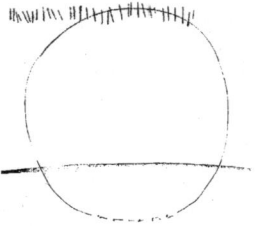

Niemand zu Hause

11 EINSSEIN

Zu Beginn existierte weder Seiendes
noch Nicht-Seiendes,
diese ganze Welt war unmanifeste Energie …
Das Eine atmete ohne Atem
durch eigene Kraft.
Nichts anderes existierte.

SCHÖPFUNGSHYMNE AUS DEM RIG VEDA

IST DA IRGENDJEMAND?

Die ganze Verwirrung war plötzlich verschwunden.
Ich wusste ohne jeden Zweifel,
wer oder was ich in Wirklichkeit bin,
und es war offensichtlich,
dass ich es bereits mein Leben lang gewesen war.

NATHAN GILL

Es gibt eine Geschichte von einem Klavierspieler, die recht gut veranschaulicht, wie wichtig die Entdeckung ist, dass „niemand zu Hause ist". Ein sehr berühmter Pianist lebt in einem wunderschönen Landhaus an einem Fluss. Jeden Sonntagmorgen bricht er bei Sonnenaufgang mit seinem kleinen Boot zu einer Bootsfahrt auf dem Fluss auf, um der Hektik des Alltags ein paar Stunden zu entfliehen. Er lässt sein Boot mit der Strömung gleiten und verankert es nach einer Weile mitten im Fluss. Da sitzt er dann in seinem kleinen Boot ganz früh am Morgen. Niemand ist in der Nähe. Er blickt auf das Wasser und erfreut sich des Friedens und der Stille der Natur und des Nichtstuns. Während er dort so friedlich sitzt, kann er nicht begreifen, warum die Menschen immer Schwierigkeiten miteinander haben. Wenn er die Vögel zwitschern hört und die Farben der Sonne im Wasser glitzern sieht, kann er kaum glauben, dass es so viele Probleme auf dieser Welt gibt. Er fragt sich, warum wir dauernd Auseinandersetzungen mit unseren Nachbarn und Freunden haben.

Plötzlich wird er davon aufgeschreckt, wie jemand von hinten sein Boot rammt. Er wendet sich, überrascht und ärgerlich zur gleichen Zeit, um und flucht. Da erkennt er in einem zeitlosen Augenblick, dass das Boot, das ihn rammte, leer ist und dass er gar niemanden angeschrieen hat. Er begreift, dass

Niemand zu Hause

sein Boot eine Kollision mit einem anderen Boot hatte, das von flussaufwärts kam. Sein Ärger verfliegt augenblicklich und er versinkt in einem zeitlosen Moment in eine völlige Stille, die sich über alles ausbreitet. Einssein mit allen und jedem ist da und gleichzeitig wird alles in eine allumfassende Liebe gehüllt.

Später erkennt er, dass dieser Zusammenstoß eine Metapher für die philosophischen Probleme darstellt, über die er gerade nachdachte. All die anderen Menschen, mit denen wir vermeintlich Schwierigkeiten haben, sind so wie leere Boote. Diese Boote haben keinen Steuermann. Sie können nichts an ihrem Tun ändern. Was für eine erstaunliche Entdeckung! Jeder auf diesem Planeten wird von dem verbreiteten Glauben hypnotisiert, wir alle wären getrennte Individuen, von denen ein jedes in einem anderen Körper lebt, der auf der Oberfläche desselben Planeten herumspaziert. Daran glauben wir alle, weil wir meinen, in unserem eigenen Boot „hätten" wir einen Steuermann. Wir alle behaupten: „In meinem Kopf habe ich einen Steuermann, der einen freien Willen und eine Wahl hat" und folglich schließen wir: „All die anderen Körper, die ich herumlaufen sehe, sehen genauso aus wie ich; also müssen sie auch einen Steuermann haben." Und wir alle sind wie hypnotisiert von diesem Glauben, weil es so wirklich aussieht.

Aber jetzt ist alles kristallklar. Auch sein eigenes Boot fährt ohne einen Steuermann, es folgt nur der Strömung, die es dorthin bringt, wohin es scheinbar fährt. Er sieht, mit anderen Worten, dass „sein" Körper, in dem er vermeintlich lebte, eine leere Schachtel ist, wie ein Radio, das Klaviermusik spielt, ohne dass ein Klavierspieler darin steckt. Da erkennt er: „Niemand lebt in diesem Körper, niemand ist zu Hause! Es gibt keinen Steuermann in meinem Boot und auch keine Steuermänner in den anderen Booten." Es hat nur den Anschein. Und diese Erkenntnis ist auch das Ende seiner spirituellen Suche. Der Pianist muss sich tatsächlich erstmal hinsetzen, um die Konsequenzen dieses Ereignisses zu verarbeiten.

Nachdem er eine Weile lang so still gesessen hat, wird er langsam hungrig. Sein Magen ruft ihn in die „wirkliche" Welt zurück. Der Duft der Stille schwingt noch im Hintergrund, während „er" jedoch nicht derselbe wie sonst ist. Es ist erstaunlich und gleichzeitig ganz normal. Er macht sich auf den Rückweg, um zum Frühstück zu Hause zu sein, und rudert sein Boot stromaufwärts. Beim Kaffeetrinken erkennt er, dass alles so ist, *wie es ist*. Kein Gut, kein Schlecht, keine Vergangenheit, keine Zukunft, kein Jetzt. Wie kann es nur so offensichtlich, so einfach sein, ohne dass es jemand merkt? Das Geräusch des Kühlschranks, der Geruch des Kaffees, der Geschmack der Marmelade, alles ist ein Ausdruck von „Dem". Er erkennt, dass dieses Offene Geheimnis den gesunden Menschenverstand übersteigt, und obgleich er dies gern mit all seinen Freunden teilen würde, wird ihm bewusst, dass ihm die Worte fehlen, „Es" jemandem mitzuteilen. Und obwohl sich sein Leben an jenem Sonntagmorgen so verändert hat, dass es nie wieder das Gleiche sein wird, ist niemandem jemals etwas an ihm aufgefallen. Er spielt Klavier wie zuvor.

IN DIESEM GARTEN EDEN SIND WIR ALLE EINS

Zu erkennen, dass man nichts ist, ist Weisheit;
zu erkennen, dass man alles ist, ist Liebe.

NISARGADATTA MAHARAJ

Die Mystiker sagen, wer seine Hoffnungen und Ziele dem unendlichen Gewahrsein anvertraue, bleibe in einer zeitlosen Gegenwart, da er den persönlichen Ehrgeiz aufgibt und den

Stellenwert seiner persönlichen Zukunft relativiert, ohne dass es noch etwas zu tun gäbe. Man kann dies Befreiung nennen, und die absolute Freiheit, die uns das schenkt, fordert nichts von uns. Wir können so weiterleben wie zuvor. Solange wir hingegen irgendetwas *für uns selbst* haben möchten, besonders die spirituelle Freiheit, werden wir keine wahre Befreiung finden. Diese Freiheit ist nicht einem Individuum allein vorbehalten, sondern sie ist unmittelbar für alle da, selbst wenn die anderen Menschen sie nicht als solche erkennen.

Oft wird die Befreiung als eine intensive Mischung tiefer Meditation, spiritueller Freiheit und der Freude bedingungsloser Liebe, der Frucht leidenschaftlicher Erforschung, beschrieben. Wir alle sehnen uns nach jener wunderbaren Erfahrung, die entsteht, wenn wir ganz im zeitlos beflügelten freien Fall spiritueller Entdeckung aufgehen, doch solche Worte legen oft spektakuläre Erfahrungen der Glückseligkeit nahe und folglich erwarten die spirituellen Sucher dann auch solche Formen der Glückseligkeit. Das Problem ist, dass viele von uns das gewöhnliche Leben nicht mehr schätzen. Wir suchen nach Ekstase, nach irgendeinem höheren Zustand und nach etwas Besonderem für uns selbst. Wenn wir über Befreiung nachdenken, ist es wichtig, sie im Einfachen und Gewöhnlichen zu „sehen" und sie nicht nur als eigene Auszeichnung für uns selbst behalten zu wollen.

Dieses Verstehen ist das Ende aller Fragen. Dann ist nur Gegenwärtigkeit da, Klarheit – keine anderen mehr, keine Vergangenheit, keine Zukunft, kein Handelnder, kein Nicht-Handelnder. Niemand ist davon ausgeschlossen, selbst jene nicht, die glauben oder meinen, getrennte Handelnde zu sein. All die Konzepte, an die wir geglaubt haben, können weiter bleiben, doch sie haben keine Bedeutung mehr. Mit der Auflösung des Suchers endet die Suche. Gleichzeitig geschieht ganz unmerklich ein Verschmelzen mit der Einheit, jegliche Dualität entfällt völlig. Dies mag aufgrund einer Wahrnehmung geschehen (einem Buch, das wir lesen, einer Person, die wir treffen), doch selbst das ist nicht unbedingt erforderlich. Wenn wir das erfahren, können wir frei von unserer Identifikation werden und unsere Maske fällt ab. Doch die Maske selbst ist kein Problem, das Problem ist, dass wir an der Maske haften. Insofern ist auch nichts verkehrt an unserer Persönlichkeit, nur haben sich die meisten von uns ausschließlich mit ihrer Persönlichkeit identifiziert. Wir haben es uns angewöhnt zu sagen, dieser Körper-Geist-Mechanismus sei alles, was wir sind. Es heißt, wenn jene Identifikation mit der Rolle, die wir spielen, völlig verschwindet, sind wir frei von allen Begrenzungen. Wir zerschmelzen und dehnen uns aus in die Endlosigkeit des Bewusstseins, wir sind sozusagen im Paradies. Letzteres bedeutet nicht, dass wir erleuchtet sind, dass wir vollkommene Menschen werden; wir erwachen einfach aus unserem Traum. Zuerst denken wir, wir hätten unseren Ursprung gefunden und machen es zu einer persönlichen Erfahrung; später merken wir, dass es in Wirklichkeit gar keine persönliche Erfahrung ist, sondern vielmehr das Gegenteil: Wenn das Konzept, eine Person zu sein, abwesend ist, kann ein unpersönliches Gewahrsein entstehen. Es ist vergleichbar mit der Sandburg, die entdeckt, dass jeder und alles aus Sand besteht. Unsere Formen mögen verschieden aussehen, doch im Grunde sind wir alle dasselbe.

Wir können auch feststellen, dass andere genauso in Kontakt mit „ihrer" Quelle sind, wie der bekannteste Weise es ist, selbst wenn sie sich dessen nicht bewusst sind. Jede Burg besteht aus Sand. Jeder lebt aus derselben Quelle, jeder ist zu Hause, unabhängig von seinem Verhalten oder seiner Herkunft, unabhängig davon, ob er es erkennt oder nicht, ob er es will oder nicht. Der Schluss daraus ist: „Das Licht, das 'meinen Film' erhellt, ist dasselbe Licht – oder geht aus derselben Quelle hervor – wie das Licht, das deinen Film erhellt." Diese Einsicht lässt den Weisen etwas bescheidener sein, denn dieses Bewusstsein ist nicht nur für jeden offen und jederzeit zugänglich, sondern es ist für jeden ein und dasselbe Licht. In diesem Garten Eden gibt es keine getrennten Wesen mehr, wir alle sind eins. Wir alle teilen dieses Bewusstsein: Dieses Zuhause ist unser gemeinsames Gut. In diesem Raum gibt es keine getrennten Personen mehr! Diese Einsicht kann die Grundlage unangehafteter Freundschaft, wahren Mitgefühls und bedingungsloser Liebe werden, da der Unterschied zwischen mir und den anderen, die Distanz zwischen dir und mir völlig aufgelöst ist. Ja, wir sind auf mehreren Ebenen dieselben: Auf der atomaren Ebene sind wir alle dieselben, weil wir alle aus Molekülen bestehen, die aus Atomen zusammengesetzt sind. Und diese Atome sind in Wirklichkeit leerer Raum, der mit Neutronen und Elektronen gefüllt ist. Auf metaphysischer Ebene sind wir auch dieselben, weil wir alle dieses Bewusstsein teilen. Wir alle „sehen durch" dasselbe Licht und dazu brauchen wir kein Buch. Schau einfach in die Augen deiner Mitmenschen und du wirst dein Selbst in ihren Augen gespiegelt „sehen". Die Bhagavad Gita sagt:

> Derjenige sieht wirklich, der den Höchsten Herrn
> gleichermaßen in allen Wesen sieht,
> der nie vergeht, selbst wenn jene vergehen.

EIN BEWUSSTSEIN

> *Erkenne die Zaubervorführung der Erscheinungen*
> *als Spiegelbilder deiner eigenen Gedanken.*
> *Wisse, dass dein Geist seiner Natur nach leer ist*
> *– es ist nicht notwendig, woanders*
> *nach der Glückseligkeit der Wirklichkeit zu suchen! (75)*
>
> TANTRISCHES LIED

Als wir uns an früherer Stelle in diesem Buch solche Fragen stellten wie: „Lebt eine Person in diesem Körper?", stießen wir auf leeren Raum. Viel mehr lässt sich nicht sagen. Wir merken auch, dass alle Worte in diesem Buch nie ausreichen werden, um diesen Raum zu beschreiben. Wenn unsere wahre Natur gesehen wird, werden wir in einen grenzenlosen Raum absorbiert, in dem nichts übrig bleibt. Wenn wir (wer?) dort verweilen, können wir nur darüber staunen, wie es ist, diese Klare Leere (76) zu sein. Viele Sucher erwarten, wie gesagt, immer noch, sie würden sich dauerhaft ruhig und friedlich fühlen, sobald sie Befreiung gefunden hätten. Doch wir können uns nicht darauf verlassen, dass alle Probleme wie weggeblasen sein werden, sobald wir unser Bewusstsein erkannt haben. Befreiung ist keine Garantie für Freiheit von Schmerz und Leid. Warum sollten wir das glauben? Keins der so genannten erwachten Wesen ist ohne Probleme, kein einziger spiritueller Lehrer ist erwachter als du und ich. Wie sollte er auch, wenn es nur *ein* Bewusstsein gibt? Wie könnte einer den besten Teil des Bewusstseins für sich beanspruchen und anderen nur den Rest übrig lassen? Bewusstsein kann nicht wie eine Pizza in Stücke geteilt werden; es ist eins und allumfassend. Wir brauchen also keine spirituellen Helden nachzuahmen, wir können einfach wir selbst sein, so wie wir gerade sind. Wenn wir versuchen, unsere Lebensweise zu ändern, stellt das sogar ein neues Hindernis dar. Die wahre Erkenntnis, bereits erwacht zu sein, kann sich in unserem gewöhnlichen Leben ereignen: Es ist nicht notwendig, tiefer als in das schlichte, alltägliche Leben zu schauen. Tony Parsons sagte: „Es handelt sich um Intimität, um eine Liebesaffäre, um totale Armut und um totale Demut. Etwas, das völlig jenseits von Loslösung ist." (77)

Wenn wir nach der Unbegrenztheit suchen, so kann es nur eine Unbegrenztheit geben und nicht zwei oder mehr. In dem Fall ist die Art und Weise, in der sich das unbegrenzte Bewusst-

sein durch jeden von uns ausdrückt, bereits DAS. Das bedeutet, die Weise, wie sich Bewusstsein während einer „normalen"
Aktivität (Essen, Schreiben, Im-Garten-Arbeiten, Fahren) ausdrückt, ist ebenso angemessen wie sein Ausdruck durch irgendeinen Zustand der Glückseligkeit. Es kann sich selbst in Frieden
oder Furcht, in Freude oder Depression und so weiter ausdrücken.
Es ist alles gleichermaßen Bewusstsein. Es ist nicht mehr aus-
schlaggebend, der inneren Stimme zu folgen, die sagt, wir sollten
anders sein. Oder wie Nathan Gill es ausdrückt: „Ob wir mit dem
Ego identifiziert sind oder nicht, wen kümmert es?" (78)

Wenn all diese Denkprozesse außer Kraft gesetzt sind, was
bleibt von uns übrig? Wenn uns unsere Werkzeuge abhanden
gekommen sind (Glauben, Kontemplieren, Meditieren, logi-
sches Denken), was bleibt zu tun? Wenn wir in einem egofreien
Zustand sind oder Glückseligkeit erfahren, so ist es DAS. Wenn
wir dieses Buch in unseren Händen halten, dann ist die Empfindung, den Druck in unseren Händen zu spüren, DAS. Wenn
wir eine Aspirin nehmen, um unsere Kopfschmerzen loszuwerden, ist es DAS. Wenn wir an einer schrecklichen Krankheit
leiden, ist es DAS. All das sind gleichermaßen Ausdrucksformen des Unendlichen. Befreiung ist genau jetzt zugänglich und
wir können weder etwas dafür tun, sie zu erlangen, noch etwas,
um sie zu vertreiben.

Es ist völlig nutzlos, uns von irgendetwas befreien zu wollen.
Warum sollten wir in einem göttlichen Zustand sein wollen?
Warum sollten wir unsere Persönlichkeit bewerten oder sogar
versuchen, ohne ein Ego zu sein? Reines Bewusstsein ist nicht
daran interessiert, das zu bewerten, was in Ihm auftaucht, ebenso
wie der Fernsehbildschirm die Schauspieler auf dem Bildschirm
nicht danach beurteilt, was sie sagen oder tun. Jeder Weg, der
behauptet, an der Welt sei etwas verkehrt, verdrängt auf subtile Weise die nackte Tatsache, dass alles so ist, *wie es ist.* Jeder
Lehrer, der behauptet, es sei etwas verkehrt an dem, was wir den-

ken, fühlen oder tun, bestärkt damit nur unseren Glauben, dass wir anders sein sollten, als wir sind. Wir beten in der Hoffnung auf das Heil, wir meditieren in der Hoffnung auf Erleuchtung, doch all das ist ein Spiel innerhalb eines Spiels und als solches völlig absurd. Unser Verstand kreiiert ein Bild von einer besseren Zukunft und wie Hamster auf ihrem Rad im Käfig tun wir so, als würden wir uns fortbewegen, während wir in Wirklichkeit nirgendwo hingehen. (79)

Haben wir diese Mechanismen einmal begriffen, ist es absolut nicht mehr notwendig, in einen Tempel zu gehen und zu meditieren, denn Meditation findet genau dort statt, wo wir gerade sind. Alles, was wir fühlen oder tun, ist der Ausdruck des Unbegrenzten. Wir sind genau so, wie wir sein sollen. Und sobald erkannt wird, dass alles so ist, wie es ist, und dass nichts verkehrt an dem ist, *was ist*, dass nichts oder niemand verbessert werden braucht, dann sehen wir all unsere vergangenen Bemühungen, spiritueller zu werden, schlichtweg als das, was sie sind, nämlich völlig nutzlos (80). All diese spirituellen Techniken haben jetzt nicht mehr Bedeutung als die Spielsachen, mit denen wir als Kleinkinder gespielt haben: Damals waren sie äußerst wichtig und sehr interessant, aber jetzt spielen sie einfach keine Rolle mehr.

ZU HAUSE SEIN

Nichts geschah für mich
unter dem Bodhi-Baum,
absolut nichts.

GAUTAMA BUDDHA

Wenn Nach-Hause-Kommen bedeutet, unsere wahre Natur in der Einfachheit dessen, *was ist*, wie es ist, zu finden, dann fragen wir uns vielleicht, ob wir letztendlich wieder dort angelangt sind, wo wir herkamen. Dann scheint es so, als ob Bewusstsein uns verführt und verblüfft, indem es mithilfe unseres Verstands eine virtuelle Welt erzeugt. Doch letztlich ist Bewusstsein nicht von dem getrennt, was wir wahrnehmen, es ist nicht getrennt von uns, sondern identisch mit uns. Wenn wir Es vollkommen als unsere wahre Natur annehmen, heißen wir es zutiefst dankbar und voller Staunen willkommen. Es ist ein wundervolles Geschenk, das Bewusstsein sich selbst schenkt. Bewusstsein kehrt heim zu Sich Selbst. In dieser Einsicht herrscht Klarheit über das, was wir sind, und über den Sinn des Lebens. Wir wissen jetzt, dass wir nicht unsere Lebensweise verändern müssen, um DAS zu sehen. Was kann Wasser tun, um nass zu werden? Was könnte Bewusstsein tun, um bewusst zu werden? Wir können es so sehen: Wenn das, was wir wirklich sind, das Selbst ist, wie könnte es jemals eine Zeit gegeben haben, in der wir vom Selbst getrennt waren? Das Wunderbare ist bereits hier. Deshalb ist der Versuch, unser Leben spiritueller zu machen, in Wirklichkeit nur eine Vermeidung der Klarheit. Es findet bereits statt, Bewusstsein erschafft bereits jetzt unsere Welt. Und wir sind DAS. Wir brauchen nicht auf eine transzendentale Erfahrung zu warten, um zu erkennen, dass wir bereits ein Ausdruck des Unbegrenzten sind. Wir brauchen kein spirituelles Leitbild nachzuahmen. In dem, was genau hier geschieht, können wir unsere wahre Natur erkennen. Diese bedingungslose Liebe ist genau jetzt in ihrer Fülle zugänglich. Sie ist gegenwärtig, während wir dieses Kapitel lesen, ja, genau jetzt, wo unser Verstand diese Worte aufnimmt. Alle Wahrnehmungen, die genau jetzt in unser Bewusstsein dringen, sind DAS. Das, was in unserem Innern aufsteigt, kommentarlos so zu sehen, wie es ist, nennen wir „Zu-Hause-Sein".

Solange wir uns für Suchende halten, ist die *Einladung*, nach Hause zu kommen, immer da, in allem, was wir wahrnehmen. Und der Witz ist, dass wir gar nicht nach Hause zu kommen brauchen, weil wir bereits zu Hause sind. Dann gibt es nichts mehr, wohin wir gehen könnten. Dann ist alles eine *Feier* des Unbegrenzten. Es sind keine Worte mehr nötig. Die Ausdrucksweise des Unbegrenzten bedarf keiner weiteren Verschönerung: Die Einfachheit dessen, „was ist", ist mehr als genug.

Doch selbst all diese Beschreibungen überlagern die allumfassende Transparenz des gegenwärtigen Augenblicks noch mit ihrer Schwere. Worte und Theorien sind überflüssig, weil die Klarheit in den gewöhnlichsten Aspekten des Lebens zugänglich ist. Worte können die Transparenz, die sowieso da ist, nur verhüllen. Die Sichtweise der Ersten Person zeigt, dass es nicht nötig ist, den Weg zurück zur Quelle zu finden, weil wir bereits jene Quelle sind, nach der wir uns sehnen. Mit anderen Worten: Das Zuhause ist genau hier immer gegenwärtig. Was geschieht, wenn das Zuhause nach Hause kommt? Äußerlich verändert sich nichts, aber innerlich hat sich unsere Sichtweise bestimmter Dinge verändert: Wir haben das Unbegrenzte in den einfachsten Aspekten des Lebens entdeckt. Es spielt sogar keine Rolle, ob wir transzendentale Erfahrungen haben oder nicht, ob wir uns getrennt oder frei fühlen, es ist sowieso alles Ausdruck des Unbegrenzten. Und folglich sind wir wieder da, wo wir begonnen haben. Im Zen erzählt man folgende Geschichte:

Bevor du mit Zen beginnst, siehst du Flüsse und Berge als Flüsse und Berge. Wenn du eine Weile Zen praktizierst, dann sind Flüsse keine Flüsse mehr und Berge keine Berge mehr. Und am Schluss sind Flüsse und Berge wieder Flüsse und Berge.

Wir müssen also nirgendwohin gehen, weil uns das Unbegrenzte immer offen steht, nichts braucht hinzugefügt werden, niemand braucht verändert werden, um bereit dafür zu sein. Vielleicht war es verwirrend oder befreiend, eine Reihe von Illusionen zu durchschauen. Aber im Grunde sind wir wieder zum Ausgangspunkt zurückgekehrt und vielleicht ist diese Reise auch eine Illusion. Ramana Maharshi sagt alles in diesen Worten:

> Es gibt kein größeres Geheimnis als dies: Wir suchen unentwegt nach der Wirklichkeit, obwohl wir doch diese Wirklichkeit sind. Wir glauben, etwas würde die Wirklichkeit verbergen und es müsse zerstört werden, bevor wir die Wirklichkeit erlangen. Wie absurd! Ein Tag wird kommen, an dem du über all deine früheren Bemühungen lachen wirst. Das, was an jenem Tag, wo du lachst, sein wird, ist auch hier und jetzt.

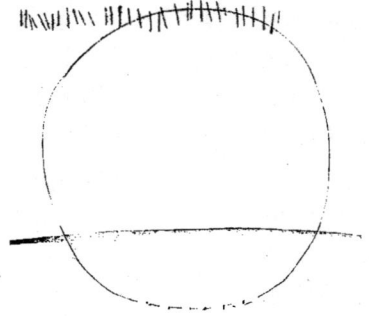

LITERATURVERZEICHNIS

Adams R.: *When you see Emptiness Inside Yourself*, Self Enquiry, vol. 8, No. 1, April 2000, S. 16-22

Ardagh N. (Arjuna): *Warum nicht jetzt?* Satsang mit Arjuna, Lüchow Verlag, Freiburg 2001

Balsekar R.: *Wen kümmert's?*, Kamphausen Verlag, Bielefeld 2001

Blackburn S.: *Denken – Die großen Fragen der Philosophie*, Primus Verlag, Darmstadt 2001

Chopra D.: *Der Weg des Zauberers* 20 Schritte, um im Leben das zu erreichen, was man will, Goldmann Verlag, München 1997

Combs A.: *The Radiance Of Being*, Paragon House, St. Paul, Minnesota 1996

Deida D.: *Finding God through Sex*, Plexus, Austin 2000

Gill N.: *Clarity*, Maidstone: G.O.B. Publications, 2000

Gill N.: 'I am On It', Self Enquiry, vol. 8, No. 1, April 2000, S. 38-9

Harding DE: *Face To No-Face*, Innerdirections Publishing, Carlsbad (California) 2000

Harding DE: *Look For Yourself*, Head Exchange Press, London 1996

Harrison S.: *Sei, wo du bist*, Edition Spuren, Winterthur 2003

Hillig C.: *Erleuchtung für Anfänger*, Lüchow Verlag, Freiburg 2001

Hillig C.: *The Way It Is*, Ojai (California): Black Dot Publications, 2001

Kersschot J.: *Coming Home*, Inspiration, Aartselaar (Belgien) 2000

Klein J.: *Transmission of the Flame*, Third Millennium Publications, St Peter Port (Guernsey, C.I.) 1990

Lang R.: *An Illustrated Guide*, Head Exchange Press, London 1994

Liquorman W.: *Acceptance of What Is*, Advaita Press, Redondo Beach (CA) 2000

Lucille F.: *Ewigkeit Jetzt* – Dialoge über das Glück, Kamphausen Verlag, Bielefeld 2001

Lumiere LM., Lumiere-Wins J.: *The Awakening West*, Clear Visions Publications, Oakland 2000

Menon, Krishna: *Atma-Nirvriti*, Trivandrum, Südindien: Vedanta Publishers, 1952

Nitschke G.: *The Silent Orgasm*, Taschen Verlag, Köln 1995

Parsons T.: *Open Secret* – Die Erfahrung der Nicht-Dualität, Lüchow Verlag, Freiburg 2000

Parsons T.: *So wie es ist* – Dialoge zum Wunder des Jetzt, Lüchow Verlag, Freiburg 2001

Parsons T.: *As It Is*, Innerdirections Publishing, Carlsbad (CA) 2000

Ramana Maharshi: *The Collected Works of Ramana Maharshi*, edited by Arthur Osborne, Samuel Weiser, York Beach 1997

Ramana Maharshi: *The Spiritual Teaching of Ramana Maharshi*, Shambala, Boston & London 1988

Ramana Maharshi: *Conscious Immortality*, Conversations with Ramana Maharshi, published by V.S. Ramanam, Tiruvannamalai 1998

Ram Tzu: *Sackgasse für spirituell Fortgeschrittene*, Kamphausen Verlag, Bielefeld 1992

Roberts B.: *Jenseits von Ego und Selbst* Erfahrungsbericht einer spirituellen Reise, Arbor Verlag, Emmendingen 1997

Rumi: Birdsong: *Fifty-Three Short Poems*, Athens, Maypop 1993

Rumi: *The Love Poems of Rumi*, edited by D. Chopra, Harmony Books, New York 1998

Schoegl I.: *The Zen Teaching of Rinzai*, Shambhala, Berkeley 1976

Tolle E.: *Jetzt! Die Kraft der Gegenwart*, Kamphausen Verlag, Bielefeld 2002

Toshio Sudeo P.: *Zen Sex* – *The Way of Making Love*, Harper Collins, New York 2000

Watts A.: *Buddhism, The Religion of No-Religion*, Tuttle Publishing, Boston 1999

Wei Wu Wei: *The Tenth Man*, Hong Kong University Press, 1966

Wilber K.: *Einfach „Das"* Tagebuch eines ereignisreichen Jahres, Fischer Verlag, Frankfurt 2001

Zetty M.: *Reflections on Awakening*, AIA E-zine no. 4, May 1999

QUELLENANGABEN

Unsere Danksagungen gehen an die Verlage und Autoren, die uns freundlicherweise den auszugsweisen Druck aus folgenden Büchern und Artikeln gestatteten:

Ardagh N. (Arjuna): *How About Now?* Self X Press, 1999

Blazwick I. and Wilson S., *The Tate Modern Handbook*, Tate Publishing, London 2000

Deida D.: *Finding God through Sex*, Plexus 2000

Gill N.: *Clarity*, Maidstone: G.O.B. Publications, 2000

Harding DE: *Face To No-Face*, Innerdirections Publishing, Carlsbad (California) 2000

Harding DE: *Look For Yourself*, Head Exchange Press, London 1996

Harding DE: *The Little Book of Life and Death*, Arkana 1988

Hillig C.: *Enlightenment For Beginners*, Black Dot Publications 1999

Hillig C.: *The Way It Is*, Ojai (California): Black Dot Publications, 2001

Kersschot J.: *Coming Home*, Inspiration 2000. S.a. www.kersschot.com

Liquorman W.: *Acceptance of What Is*, Advaita Press 2000

Lumiere LM., Lumiere-Wins J.: *The Awakening West*, Clear Visions Publications 2000

Mark McCloskey: www.puresilence.org

Parsons T.: *The Open Secret*, 1995

Parsons T.: *As It Is, Dialogues on The Open Secret*, The Open Secret Publishing, 2000

Parsons T. *As It Is*, Innerdirections Publishing, 2000

Shaw M.: *Erleuchtung durch Ekstase* Frauen im tantrischen Buddhismus, Krüger Verlag 1997

Vervoordt A.: *The Story of a Style*, Assouline Publishing 2001

Watts A.: *Buddhism, The Religion of No-Religion*, Tuttle Publishing, Boston 1999

Zetty M.: www.awakening.net

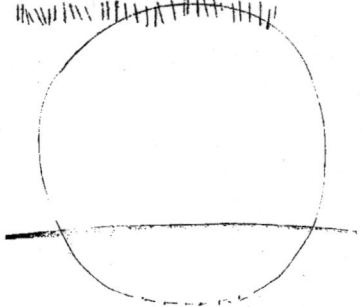

ANMERKUNGEN

1. Dieses Gewahrsein sollte von Aufmerksamkeit unterschieden werden. Unsere Aufmerksamkeit kann sich nacheinander einem unserer Sinne zuwenden oder bei inneren Körperempfindungen sein, mal bei unserer Zunge, mal bei einer Muskelanspannung im Nacken. Gewahrsein jedoch ist Das, was sich der umherwandernden Aufmerksamkeit gewahr ist. Unsere Aufmerksamkeit scheint ständig „in Bewegung" zu sein, doch Gewahrsein bleibt still und unbewegt. Wo immer wir sein mögen, was auch immer in unserer Aufmerksamkeit auftaucht, Gewahrsein ist da, offen für das, was ist.

2. Die meisten dieser Experimente stammen von dem englischen Philosophen Douglas Harding.

3. *Open Secret*, Freiburg, Lüchow Verlag 2000, S. 15-16

4. *Open Secret*, Freiburg, Lüchow Verlag 2000

5. S.a.: Steven Harrison: *Sei, wo du bist*, Winterthur, Edition Spuren 2003

6. Dies erinnert mich an die Worte von Mark McCloskey: „Ich habe eine Herausforderung für dich. Gib einen Moment lang deinen Glauben an alles auf. Hab Mut und lass alles los, was dich gelehrt wurde. Lass einen Moment lang deine Religion mit ihrem Bekenntnis, ihren Göttern, Sünden und Erlösern los. Lass jeden Gedanken los. Sogar diesen. Wie schwer es auch sein mag oder zu sein scheint, lass deinen religiösen Glauben völlig los. Was ist ein religiöser Glaube? Er besteht aus Gedanken, die ein anderer Mensch niedergeschrieben oder befolgt hat oder aus denen er eine Theologie verfasst hat. Möchtest du den Gedanken anderer folgen oder frei sein? Beides zusammen geht nicht. Willst du das finden, auf das alle wahren Lehrer zeigen, oder möchtest du der Masse mit ihren Traditionen, Ideologien und Forderungen folgen oder den Hierarchien der Macht, der Kontrolle und des Reichtums? Setz all dem ein Ende, jetzt, und schau, was übrig bleibt, schau, was immer noch in dir ist, unabhängig von jedem Glauben und doch alle Glaubenswege umfassend." S.a.: www.puresilence.org

7. *Clarity*, GOB Publications 2000, S. 27

8. S.a. Ramesh Balsekar, *Wen kümmert's?*, Bielefeld, Kamphausen Verlag 2001

9. DE Harding: *Look For Yourself*, London: Head Exchange Press, 1996

10. LM Lumiere & Lumiere-Wins J: *The Awakening West*, Clear Visions Publications, 2000, S. 287

11. S.a. *Erleuchtung für Anfänger*, Freiburg, Lüchow Verlag 1999

12. S.a. Tony Parsons, *So wie es ist*, Freiburg, Lüchow Verlag 2002

13. S.a. „The Joy of Sharing" Interview mit Mira Pagal in: *Coming Home*, Inspiration, 2001, S. 358-68

14. Aus der Sichtweise X ist Sprache nur ein Werkzeug der Kommunikation, aber aus Perspektive Y sind Gedanken (und daher auch Sprache) der subtile Weg des Verstands, eine so genannte „reale Welt" zu erschaffen. Das Letztere bedeutet, dass die „Realität", von der wir sprechen, in Wirklichkeit nur von Gedanken erschaffen wird. Und durch die Übereinkunft unserer Beschreibung erhalten wir eine „gemeinsame Welt". Indem wir also unsere Umwelt benennen, kommen wir über den Gebrauch der Sprache zu einem vereinheitlichten Konzept der Welt. An einem bestimmten Punkt ist es schwierig herauszufinden, ob erst Gedanken existieren und dann Objekte, oder ob erst Objekte da sind und dann Gedanken. Wir können nur annehmen, dass beide anscheinend gleichzeitig auftauchen.

15. Tony Parsons in Hampstead, London, August 2001, Andiokassette © Tony Parsons, www.theopensecret.com

16. S.a.: *The Spiritual In Art: Abstract Painting 1890-1985*, Los Angeles County Museum of Art; Abbeville Press Publishers New York, 1986: S. 377

17. Wayne Liquorman: *Acceptance of What Is*, Advaita Press, California, 2000, S. 138

18. S.a.: www.headless.org

19. So wie es auch Galileo erging, als seine Inquisitoren sich weigerten, durch sein Teleskop zu schauen, können auch wir „Dies" nicht mit Lesern teilen, die nicht wirklich daran interessiert sind.

20. S.a.: DE Harding, *Face To No-Face, Rediscovering Our Original Nature*, ed. David Lang, Innerdirections, Carlsbad (CA), 2000 S. 189 (www.innerdirections.org)

21. S.a.: www.headless.org

22. S.a. Harding, *Face To No-Face, Rediscovering Our Original Nature*

23. In *Surrealism and Painting*, 1928

24. S.a. Jan Kersschot, *Coming Home*, S. 24

(www.inspiration.yucom.be/cominghome.htm)

25. Tony Parsons in Hampstead, London, August 2001

26. S.a.: www.puresilence.org

27. S.a. Chuck Hillig, *The Way "It" Is*, Black Dot Publications, 2001

28. Ibid., S. 91

29. Tony Parsons in Hampstead, London, August 2001

30. Lumiere, *The Awakening West*, S. 185

31. S.a.: http://awakening.net/Ezine.html

32. *The Open Secret*: the Connections 1999, S. 47

33. Alles, was auf der Leinwand erscheint, wird wieder verschwinden. Was geboren ist, wird sterben. Dieses ewige Spiel der Schöpfung und Zerstörung hat etwas Unglaubliches und Wunderbares an sich und wirkt gleichzeitig tragisch. An diesem Punkt macht die hinduistische Auffassung von Kali, der Schwarzen Göttin, Sinn. Mit einer Hand erschafft sie das Universum und mit der anderen zerstört sie es. Dieses Konzept der ewigen Schöpfung und Zerstörung findet man nicht nur in der Hindu-Tradition, sondern auch in der zeitgenössischen Kunst, man muss es nur erkennen. Dieselbe Idee der ständigen Erschaffung und Zerstörung des Universums wird zum Beispiel in einigen Gemälden von Fontana ausgedrückt. Lucio Fontana (1899-1968) fertigte viele einfarbige Gemälde mit einem oder mehreren Schnitten an, was seinen extremen Angriff auf Vernunft und Geschmack ausdrücken sollte (*Tate Modern The Handbook*, Iwona Blazwick und Simon Wilson, Tate Publishing, London, 2000, S. 155). Und obwohl wir nicht wissen, ob Fontana bei seinen Kunstwerken jemals diese Idee im Sinn hatte, können diese Werke die folgende symbolische Bedeutung haben: Die einfarbige Leinwand kann als ein Symbol für die Schöpfung betrachtet werden, die im Hinduismus von Brahma repäsentiert wird, und die Schnitte können als ein Symbol der Zerstörung aufgefasst werden, für die Shiva steht.

34. S.a.: Nathan Gill, *Clarity*

35. *Open Secret*

36. Kasimir Malewitsch (1878-1935) vertrat das Prinzip der reinen Gegenstandslosigkeit, dem zufolge nicht Bilder von Objekten der Welt, sondern Abstraktionen gemalt werden, die dynamische Energie, universellen Raum und kosmische Ordnung symbolisieren. Eins seiner berühmtesten Bilder, *Black Square* (1913), wurde 1915 erstmalig ausgestellt und wird als erstes Wahrzeichen des Suprematismus angesehen. „Ich habe mich in die Null der Formen verwandelt und bin jenseits der Null gelangt", schrieb er in dem Manifest, das er den Besuchern der Ausstellung von 1915 überreichte. Seitdem hat die Darstel-

lung des „Nichts" ihren ständigen Platz in der modernen Kunst. Obwohl sie in der breiten Allgemeinheit nicht unbedingt Anerkennung genießt, hat das 20. Jahrhundert immer wieder radikal „leere" oder einfarbige Gemälde hervorgebracht. S.a.: Matthew Collings, *This Is Modern Art*, London: Seven Dials, 2000, S. 144 u. 159.

37. Barnett Newman (USA 1905-70), einer der wegweisenden Künstler des Abstrakten Expressionismus, sagte: „Für mich ist Raum dort, wo ich vier Horizonte fühlen kann und nicht nur den Horizont vor mir und hinter mir, denn da existiert die Raumerfahrung nur als Volumen ... Jeder, der vor meinen Gemälden steht, muss sich so von den vertikalen, kuppelförmigen Gewölben umgeben fühlen, dass sie in ihm das Bewusstsein wecken, in der Empfindung vollkommenen Raums zu leben." (*Tate Modern The Handbook*, S. 56)

38. Mark Rothko (1903-70) war angeblich ein zutiefst spiritueller Mann. Er wird manchmal „der tragische Künstler des Nichts" genannt. Seine Gemälde waren sanft, formlos und farbbetont (s.a. Matthew Collings, *This Is Modern Art*, S. 166-9). Um sowohl von der „Fülle" und der „Leere" ihrer Bilder „absorbiert" zu werden, fordern sowohl Rothko als auch Newman den Betrachter auf, sich nah an ihre Kunstwerke heranzustellen. S.a.: J. Golding, *Paths to the Absolute*, London: Thames and Hudson, 2000 (National Gallery of Art, Washington), S. 222

39. Der französische Künstler Yves Klein (1928-62) machte vor allem durch seine einfarbigen blauen Gemälde auf sich aufmerksam. Das Blau, das er benutzte, sollte „die Leere" symbolisieren, zu der man gelangt, wenn man durch eine Zone des Niemandslands hindurchgeht. Klein schrieb: „Nachdem ich das Nichts zurückgewiesen hatte, entdeckte ich die Leere." S. Collings, *This Is Modern Art*, S. 170

40. Reinhardt malte seine ersten einfarbigen Bilder in den fünfziger Jahren und zwar zuerst in Blau oder Rot. Ende der fünfziger Jahre fertigte er schwarze einfarbige Gemälde an, in denen nur durch die Pigmentierung geisterhafte Umrisse von Rechtecken sichtbar wurden. (S. Collings, *This Is Modern Art*, S. 155-6)

41. Auch in einigen Kunstwerken Anish Kapoors (geb. in Bombay 1954) kann man die Einladung spüren, die Sinne zu transzendieren und einen Einblick in das Unendliche zu bekommen. Beispielsweise lädt sein Werk *At the Edge of the World* (1998) den Betrachter ein, in einem völlig neuen Raumgefühl aufzugehen. S.a.: Axel Vervoordt, *The Story of a Style*, New York: Assouline Publishing, 2001, S. 162-3. Kapoor benutzt ein tiefrotes Pigment, um damit ein acht Meter großes Gewölbe zu decken, was in dem Besucher ein überwältigendes Raumgefühl hervorruft. Wie es auch die Betrachter der Gemälde Rothkos oder Newmans beschreiben, kann sowohl ein Gefühl von Leere als auch

Niemand zu Hause

von Fülle entstehen. Der Gebrauch dichter roter Pigmentierung dematerialisiert die plastische Form, sodass Gegenwärtigkeit und Abwesenheit gleichzeitig angedeutet werden. So eine Einheit der Gegensätze veranschaulicht das Gefühl der „leeren Ganzheit", die Kapoor scheinbar in seinem ganzen Werk beschwört (s.a. *The Tate Modern Handbook*, S. 183). Einige Autoren nennen seine Skulpturen sogar zeitgenössische Werke tantrischer Kunst (s.a. Edward Lucie-Smith in: *Bildende Kunst im 20. Jahrhundert*, Könemann Verlag, Köln 1999

42. S.a.: *The Spirtual In Art: Abstract Painting 1890 – 1985*, S. 133 (fig. 2)

43. Kahlil Gibran in *Der Prophet*

44. S.a.: "The Invitation is Always There", erstes Interview mit Tony Parsons in *Coming Home*, S. 331-41

45. *Open Secret*

46. Lumiere, *The Awakening West*, S.283

47. S.a. Chuck Hillig, *Erleuchtung für Anfänger*

48. *Open Secret*

49. S.a. das Photo auf dem Cover von *Coming Home*

50. *Clarity*, S. 19

51. S.a. *"You are Space for my face"*, ein Interview mit Douglas Harding in *Coming Home*, S. 342-8

52. Im Vorwort zu *Finding God through Sex* von David Deida, Plexus 2000

53. Es ist unser natürlicher Zustand, etwas, das wir einfach als das erkennen, was es ist: als den leeren Raum für all unsere Erfahrungen. Als solcher ist er kein Zustand.

54. S.a.: *Finding God through Sex*. Deida zufolge möchte sich unsere männliche Energie in der körperlichen Ekstase verlieren (indem sie für den Partner verschwindet), und unsere weibliche Energie möchte vom Partner als allumfassende Liebesenergie geliebt werden (indem wir unser Herz völlig öffnen). Doch letztlich spielt all das keine Rolle, wenn wir erkennen, dass es bei einer wirklichen tantrischen Begegnung nicht darum geht, etwas als persönlich Erreichtes hervorzuheben.

55. S.a.: http://awakening.net/Ezine.html

56. Für gewöhnlich glauben wir, „wir" würden Gedanken erzeugen und es gäbe einen Denkenden in uns, der unsere Gedanken wählt. Aber vielleicht ist es umgekehrt. Der so genannte Denker ist nur ein Konzept,

eine Vorstellung. Mit anderen Worten: Gedanken erschaffen den Denker. Und unser „Gefühl", wir würden tatsächlich wählen, ist nur das, was unsere innere Stimme behauptet. Letzteres ist wieder ein mentales Bild. Mit anderen Worten existiert nur *scheinbar* eine Wahl.

57. Sobald wir erkennen, dass das Ego, das sich hilflos und hoffnungslos fühlt, selbst eine Illusion ist, spielt nichts mehr eine Rolle. Wo sollten wir noch hingehen, wenn alles ein Ausdruck von Bewusstsein ist?

58. Tony Parsons in Hampstead, August 2001

59. S.a.: *Coming Home*, S. 231-43

60. S. *Face to No-Face, Rediscovering Our Original Nature*, S. 87-8

61. S. *Paths To The Absolute*

62. S. *The Spiritual In Art: Abstract Painting 1890 – 1985*, S. 233

63. S.a.: www.theopensecret.com

64. Die Gefahr ist, dass der Sucher nach der Gipfelerfahrung wieder nach der Erfahrung von Glückseligkeit verlangt. Er oder sie vermisst den Geschmack des inneren Friedens, der beim ersten Mal da war. Dann teilt der Verstand das Leben in einen göttlichen Teil zum einen und in das gewöhnliche tägliche Leben zum anderen. Aber der Sucher versteht nicht, dass die Welt sogar ohne die Interpretation des Verstands ungeteilt *ist*, so wie sie sich im alltäglichen Leben zeigt, und dass sie somit bereits ganz ist (s.a. *Sei, wo du bist*). Insofern ist es gar nicht notwendig, ein „Weiser" zu sein, der sich dieses Einsseins permanent gewahr ist. Und warum? Es gibt drei Gründe dafür: Erstens ist Es nicht persönlich. Zweitens ist Es jenseits unserer Vorstellungen von Zeit und drittens kann Es nicht erfahren werden.

65. Während eines Telefongesprächs mit dem Autor im November 2001.

66. S.a.: *Sei, wo du bist*

67. S. www.nathangill.com

68. Tony Parsons in Hampstead, August 2001

69. S.a.: Justus Kramer Schippers, *Leven Vanuit Neutraliteit*, Panta Rhei (Holland), 1997.

70. *Open Secret*

71. S. *The Way "It" Is*

72. S. "Making It Clear", Interview mit Nathan Gill in *Coming Home*, S. 369-83

Niemand zu Hause

73. Lumiere, *The Awakening West*, S. 28

74. Wei Wu Wei, *The Tenth Man*, Hong Kong, Hong Kong University Press, 1966

75. Miranda Shaw, *Erleuchtung durch Ekstase: Frauen im tantrischen Buddhismus*, Krüger Verlag, Frankfurt 1997

76. Wenn wir uns hinsetzen und ganz genau beobachten, können wir nur eines tun: Wir entdecken, dass es nichts zu tun gibt. Und wie Tony Parsons sagt, *ist das eine Entdeckung!* Diese Befreiung ist so einfach, dass sie unabhängig von jeglicher Anstrengung oder irgendeinem Glauben stattfindet.

77. Tony Parsons in Hampstead, August 2001

78. S. "Making It Clear" in *Coming Home*, S. 369-83

79. S. *Coming Home*, S. 177-84

80. S.a.: *Sei, wo du bist*

Karl Renz

Dialoge

Karl Renz schätzt eine kneipenhafte Gesprächs-
atmosphäre voll Widerspruchsgeist und Zwischen-
rufen. Er doziert nicht, er führt Dialoge. Ungefähr
so, wie es einst in Platons Schule üblich war. Mit
demselben Ziel: Selbsterkenntnis. Mit demselben
Witz und derselben freundlichen Unnachgiebigkeit.
Wie ehemals bei Sokrates erkennen seine
Gesprächspartner, dass ihre Identifikation mit
Körper und Ich-Gefühl ein Irrtum ist. Dass sie weit mehr sind als das, nämlich
reines Bewusstsein. „Erst die Erkenntnis, vor dem „Ich" zu sein, entfernt die
Wurzel aller Probleme." Bei seinen Zuhörern und nun auch bei seinen Lesern
stellt sich diese Erkenntnis mit plötzlicher Verblüffung ein.

Dietmar Bittrich, Autor u.a von „Die Erleuchteten kommen" und „Das
Gummibärchen Orakel", hat Dialoge und Gesprächspassagen aus den Talks von
Karl Renz ausgewählt.
www.karlrenz.com

Karl Renz: Das Buch Karl | 152 Seiten | ISBN 3-933496-76-4

J.Kamphausen   www.weltinnenraum.de